AF590640

LA PRISE DE CAPRÉE OU LES FRANÇAIS A NAPLES

DRAME MILITAIRE EN 3 ACTES ET 12 TABLEAUX

Par MM. FABRICE LABROUSSE et ALBERT.

Mise en scène de M. ALBERT, Musique de M. FESSY, Ballet de M. LEROUGE,
Décors de MM. VAGNER et MOYNET, machines de M. BULLOT.

REPRÉSENTÉ POUR LA PREMIÈRE FOIS, A PARIS, SUR LE THÉATRE NATIONAL (ANCIEN CIRQUE), LE 1er MAI 1852.

DISTRIBUTION DE LA PIÈCE :

MURAT	MM. COULOMBIER.
LAMARQUE	BRÉMONT.
MANHÈS	NOEL.
MANFREDI	BOILEAU.
RAYMOND	PASTELOT.
BURG	FRÉDÉRIC.
PAFARANTI	BEAULIEU.
MOZZANINO	PREVOST.
CAPRICANTI	BOITUZET.
FORIOSO	LEBEL.
FREGOLA	BENJAMIN.
HUDSON LOWE	COCHET.
ETIENNE	FÉLIX.
JACOPO	SIGNOL.
CARLO	DUVAL.
LE PODESTA PRATOLINO	WILLIAMS.
PIETRO	POTONNIER.
GIOVANI	ALPHONSE.
BATISTA	ACHILLE.
MATHEO	TOURNOT.
UN COLONEL	NÉRAULT.
UN PERRUQUIER	DARCOURT.
UN MAITRE D'ARMES	THILL.
UN SOUS-OFFICIER	DOUTREVILLE.
UN LAZARONE. / NICOLO	TÉHOT.

LA MÈRE RATISBONNE. . . . . Mmes WZANNAS.
BIANCA . . . . PERRIGAT.
CAROLINA . . . . CÉCILE.
GINA . . . . CLÉMENCE.
THERESA . . . . FOLLET.

Siliciens, Napolitains, Soldats français, Soldats napolitains, Soldats anglais, Peuple, Brigands.

ACTE I.

Premier Tableau.

A Naples. — Une place; l'entrée du palais du roi Murat. — Édifices divers, boutiques. — Au lever du rideau, crépuscule. — Le jour arrive graduellement.

SCÈNE Ire.

PAFARANTI, TROIS HOMMES.

(*Ils entrent, en regardant autour d'eux comme pour s'assurer qu'ils ne sont pas surveillés.*)

PAFARANTI.

Nous allons nous séparer ici, mais pour nous rejoindre bientôt, hors de la ville, à l'entrée du chemin qui mène dans les Calabres. J'ai vu dans Naples ce que je m'attendais à y voir... Un peuple docile à son nouveau souverain, et j'attends peu de chose de cette sédition sur laquelle comptont les Lazaroni. Quoi qu'il en soit, nos affaires nous rappellent dans nos montagnes. Retournons-y... allez m'attendre. (*A un homme.*) Toi, préviens, en passant, Mozzanino que me voici sur la place, près de la boutique de sa pupille Bianca. (*Il fait un geste, ils s'éloignent.*)

SCÈNE II.

PAFARANTI, puis MOZZANINO.

PAFARANTI.

Non, je ne resterai pas dans Naples, un jour, une heure de plus... Toutes ces intrigues de grands personnages de l'ancienne cour contre la nouvelle ne me regardent pas... Je ne sais que me battre en attaquant ceux que le sort me livre dans nos retraites et dans nos défilés à travers les rochers. S'ils veulent se servir de moi, qu'ils me payent et me mettent en face d'un ennemi ! Voici Mozzanino !

MOZZANINO, *qui est entré.*

Qu'y a-t-il donc de si pressé ? nous ne devions nous revoir que dans la soirée.

PAFARANTI.

Oui, mais je pars à l'instant.

MOZZANINO.

Toi, Pafaranti, le chef intrépide des bandes Calabraises ; toi, sur qui nous comptions pour appuyer le mouvement qui va se faire dans la ville. !...

PAFARANTI.

Mozzanino, tu espères trop de tes camarades, les Lazaroni... Ils t'ont nommé leur chef, et tu penses que, pour je ne sais quelles prérogatives, ils vont s'ameuter et combattre... Vos séditions deviennent inutiles sous la puissance de Murat.

MOZZANINO.

Tu verras ! Tu sais pourtant que nous sommes encouragés par le roi Ferdinand et par la reine Caroline.

PAFARANTI.

Soit !.. mais leurs affaires ne sont pas les miennes ; mes hommes m'attendent en Calabre, et si je ne les rejoignais pas, ils m'auraient bientôt nommé un successeur... Viens avec moi, Mozzanino, tu seras parmi nous plus libre et plus heureux.

MOZZANINO.

Je reste à Naples, où je ne veux pas abandonner nos camarades : tu étais venu par ordre de ceux qui nous gouvernaient autrefois, tu t'éloignes, tu es le maître, mais ne cherche pas davantage à me faire quitter cette ville !

PAFARANTI.

Tiens ! voici ta pupille Bianca : laisse-moi lui demander si elle voudrait aller vivre dans la Calabre.

SCÈNE III.

LES MÊMES, BIANCA.

PAFARANTI.

Bonjour, Bianca.

BIANCA.

Bonjour, Pafaranti.

PAFARANTI.

Je vous fais mes adieux, Bianca ; je demandais à votre tuteur ce que je vous demande à vous-même... Voulez-vous m'accompagner tous deux ?

BIANCA.

Pour ma part, non.

PAFARANTI.

Pourquoi ?

BIANCA.

Parce que je veux rester à Naples. Je ne dis pas que je redouterais votre existence de dangers et d'aventures... mais rien ne m'attire dans vos Calabres.

PAFARANTI.

Mais, si votre tuteur vous forçait...

BIANCA.

Il aurait tort de me contraindre, la contrainte injuste mène tout droit à la désobéissance.

PAFARANTI.

Et si je vous offrais un mari?..

BIANCA.

Un mari, lequel ?

PAFARANTI.

Moi, par exemple !

BIANCA.

Je refuserais.

PAFARANTI.

Ah !

BIANCA.

Oui, vous êtes l'ami de mon tuteur, vous êtes brave ; je ne craindrais pas de vous suivre au milieu des hommes que vous commandez et à travers les Calabres ; mais pour cela, il me faudrait cet amour que je n'ai pas.

PAFARANTI.

Et que vous avez peut-être pour un autre ?

BIANCA.

Pour qui ?

PAFARANTI.

Peut-être pour ce Français que vous avez, en appelant à son secours, délivré des Napolitains qui l'ont attaqué, il y a quelque temps, là-bas, près de l'église.

BIANCA.

Ce Français ?... Eh bien ! ai-je fait autre chose envers lui que remplir un devoir d'humanité ? Il se défendait avec courage, mais il était seul contre plusieurs qui se jetaient lâchement sur lui... J'ai crié, on est venu, on l'a sauvé, voilà tout !... Vous haïssez les Français, je ne puis pas les haïr, moi, qui ne m'inquiète aucunement des querelles de vos rois et de vos reines... Je suis née, j'ai vécu sous ce beau ciel, dans cette ville que j'aime, parmi ce peuple auquel je me mêle dans son existence partagée entre un peu de travail, beaucoup de paresse et de nombreux amusements... Je suis marchande de fleurs, laissez-moi tranquille dans ma boutique. (*Elle s'éloigne et va vers sa boutique.*)

PAFARANTI.

Il paraît que tu ne l'as guère accoutumée à obéir ?

MOZZANINO.

C'est le caractère de sa mère, ma sœur, qui l'a laissée toute jeune, orpheline ; elle est bonne, mais indomptable !

PAFARANTI.

Adieu, et si la sédition que tu espères tourne mal, souviens-toi que je te garde un asile.

MOZZANINO.

Merci ; mais aujourd'hui peut-être en reprenant les droits qu'on veut enlever aux Lazaroni, nous rendrons un signalé service à la cause du roi Ferdinand ! (*Ils sortent.*)

SCÈNE IV.

BIANCA, puis FORIOSO, MOZZANINO, CAPRICANTI, LAZARONI, HABITANTS DE NAPLES.

BIANCA, *arrangeant la devanture de sa boutique.*

Pourquoi donc Pafaranti m'a-t-il parlé de ce jeune Français ? et pourquoi ne puis-je moi même m'empêcher de penser à lui ? (*Des habitants de Naples vont et viennent; des Lazaroni entrent, et quelques-uns s'étendent sur divers points de la place. Les boutiques sont ouvertes et visitées par des chalands.*)

CRIS DIVERS.

Macaroni !.. Cédrats !... Pastèques !

BIANCA.

De belles fleurs, Signorita ! un joli petit rosier de Baïa !

FORIOSO, *entrant.*

Ah ! qu'il fait chaud ! ah ! qu'il fait chaud !..

UN LAZARONE, *à Forioso.*

Viens-tu avec nous ?

FORIOSO.

Où donc ?

LE LAZARONE.

Te baigner dans le golfe.

FORIOSO.

Merci, je ne suis pas en train de marcher. Il fait un si beau soleil pour s'étaler sur la place ; d'ailleurs, j'ai par ici une affaire importante, manger du macaroni !

LE LAZARONE.

Tu n'en as donc pas assez chez ton maître qui est si riche, le signor Capricanti ?..

FORIOSO.

J'en ai assez, mais je voudrais arriver à en avoir trop, et je ne peux pas !...

LE LAZARONE.

Et où est-il, ton maître ?

FORIOSO.

Il est en train de ranger à la maison.

LE LAZARONE.

Comment ? c'est donc lui qui fait ton métier, à toi ?

FORIOSO.

Oui ; mais je lui donne quelquefois des conseils, et il en a besoin, au milieu d'un tas de tableaux qui nous encombrent, à cause de sa passion désordonnée pour la peinture.

LE LAZARONE.

Tu m'avais dit que vous alliez partir pour un voyage.

FORIOSO,

Il paraît, mais je verrai..je déciderai ça... Holà Gigandinos, arrête-toi, voici Forioso, ta meilleure pratique !

MOZZANINO, *qui est entré et se trouve parmi les Lazaroni.*

Suivez moi, vous dis-je ! nos camarades nous attendent, et le moment est venu de montrer que nous ne voulons pas qu'on nous enlève nos prérogatives ; venez ! (*Il sort avec les Lazaroni.*)

CAPRICANTI, *entrant*

Tout va bien.. je vais enfin me mettre en route pour visiter cette Calabre où je trouverai les sites les plus variés, où mes pinceaux saisiront les paysages les plus pittoresques !... Ah ! l'on verra enfin de quoi est capable Capricanti ! Maintenant, il s'agit de décider mon domestique, je ne saurais partir sans lui, je suis habitué à le voir... Il ne doit pas être loin du macaroni... Justement le voilà... (*appelant*) Forioso !

FORIOSO.

Qu'est-ce qu'il y a ?

CAPRICANTI.

J'ai à te parler.

FORIOSO.

Tiens ! cette idée qui vous prend ! voyons, de quoi s'agit-il ?

CAPRICANTI.

Il s'agit d'exécuter sans retard un projet que je caresse depuis longtemps et que je ne veux plus différer.

FORIOSO.

Sera-t-il fatigant votre projet ?

CAPRICANTI.

Du tout !... C'est un voyage dans une voiture bien commode... nous nous arrêterons souvent, nous vivrons bien.

FORIOSO.

J'aime à le croire,.. et où allons-nous ?

CAPRICANTI.

En Calabre !

FORIOSO.

En Calabre !... parmi les brigands !

CAPRICANTI.

Les brigands ne sont pas ce qu'on pense !... d'ailleurs je les forcerai à l'admiration, et celui qu'on admire on le respecte !... Ils me verront fixer leur pays sur des toiles immortelles. Je ferai leur portrait... ils seront flattés... et, roi par le talent, je passerai parmi eux semblable à un souverain vénéré. Ce voyage est un rêve que je nourris depuis longtemps dans mon imagination. J'ai hâte de partir, et aujourd'hui que rien ne me retient plus, rester plus longtemps à Naples, ce serait me condamner à un supplice !

FORIOSO.

Signor, la peinture vous jouera tôt ou tard quelque mauvais tour !

CAPRICANTI.

La peinture !... cet art divin !... mes seules amours !

FORIOSO.

Vous feriez mieux d'être amoureux de quelque jolie petite femme ou du macaroni, comme moi !

CAPRICANTI.

Mais, depuis l'enfance, je n'aspire qu'à me rendre célèbre par mon pinceau !

FORIOSO.

Savez-vous ce qu'on dit ? On dit que vous vous amusez à remplir votre maison, depuis la cave jusqu'au grenier, d'un tas d'images qui ne seraient pas même bonnes à servir d'enseignes à un marchand de limonade !

CAPRICANTI.

C'est l'envie qui les fait parler ainsi, les misérables ! mais je serai vainqueur de l'envie, de l'aveuglement, de la haine et de tous mes rivaux !

FORIOSO.

Tenez, signor, vous feriez mieux de jouir tranquillement de la fortune que vous a laissée votre père, un brave homme qui s'était enrichi dans le macaroni et toutes sortes de pâtes qui valaient beaucoup mieux que toutes les peintures de l'Univers! — Enfin, vous avez votre folie, mais vous êtes un bon maître; je suis accoutumé à votre personne, ce qui fait que je consens à vous suivre, à condition que nous reviendrons quand il me plaira.

CAPRICANTI.

Sois tranquille! tu sais que depuis des années que tu es à mon service, je ne t'ai jamais contrarié.

FORIOSO.

Il ne manquerait plus que ça! être domestique et contrarié! J'autorise donc ce voyage... et quand partons-nous?

CAPRICANTI.

Aujourd'hui... tout va être prêt.

FORIOSO.

Eh bien, j'irai vous rejoindre tout à l'heure, dites à ces fainéants de Ludgi et de Polycarpo, mes camarades, de bien veiller aux provisions.

CAPRICANTI.

Ne t'inquiète de rien! (*Forioso retourne au marchand de macaroni.*) Il est excellent ce Forioso! il fait tout ce que je veux. (*Bruit de tambour qui se rapproche.*)

BIANCA.

Voyons, si je le verrai parmi tous ces soldats qui se rendent au palais.

(*Des soldats, formant la garde montante, traversent le théâtre et entrent au palais.*)

SCÈNE V.

BIANCA, le général LAMARQUE, le général MANHÈS, OFFICIERS, HABITANTS DE NAPLES, MARCHANDS, puis RAYMOND.

MANHÈS.

Je vous dis, mon cher Lamarque, qu'il faut ouvrir les yeux au roi Murat, et lui montrer tous ces ferments de séditions que nous apercevons autour de nous.

LAMARQUE.

Et je vous réponds, moi, mon cher Manhès, que vous êtes aussi bon que brave, ce qui n'est pas peu dire, mais que vous êtes un peu sévère, un peu disposé à mener les hommes tambour battant. Ce peuple n'est pas encore entièrement façonné à notre domination, mais je ne crains nullement la révolte. — La renommée de Murat, ce qu'il a fait pour ce royaume depuis qu'il gouverne, l'éclat dont il s'entoure en même temps qu'il reste lui-même facile et accessible, les institutions qu'il a crées, la prospérité générale qui grandit à sa voix et sous son regard, tout m'assure que Naples est en chemin de devenir une capitale florissante et fidèle.

MANHÈS.

Oui, et les intrigues de l'ancienne cour, et les Lazaroni qui se remuent et peuvent entraîner une partie du peuple pour je ne sais quelles prérogatives?..

LAMARQUE.

Eh bien, si les Lazaroni font des folies, pensez-vous que nous aurons plus de mal à les réduire qu'à battre les Autrichiens et les Anglais !... D'ailleurs, mon cher, il faut être réservé quand il s'agit de montrer un danger au roi Murat !

MANHÈS.

Pourquoi ?

LAMARQUE.

Parce qu'il aime le danger, et que le lui faire voir, c'est lui donner l'envie de l'affronter ! (*à Raymond qui se dirige vers la boutique de Bianca.*) Eh bien ! fourrier, tu ne viens pas me dire bonjour ?...

RAYMOND.

Pardon, mon général, mais...

LAMARQUE.

Mais, tu n'osais pas... avec ça que je ne t'ai pas recommandé de me donner des nouvelles de ta mère lorsque tu me rencontrerais.

RAYMOND.

C'est vrai, général, et ma mère est bien honorée de votre souvenir.

LAMARQUE.

Honorée!... nous sommes deux vieux amis, ta mère et moi, et je lui dois de la déférence, car elle est plus ancienne que moi sous les drapeaux... Je la connais depuis mon départ pour l'armée comme simple soldat en 92... Elle était là le jour où je fus nommé capitaine des grenadiers de Latour-d'Auvergne, et je me souviens qu'elle vida gratis son tonneau en mon honneur.

RAYMOND.

Oh ! général, elle vous aime autant qu'elle vous respecte !

MANHÈS.

Quel est ce garçon-là ?

LAMARQUE.

Eh parbleu ! général, c'est un très-bon sujet, le fils de la cantinière Joséphine...

MANHÈS.

Surnommée la mère Ratisbonne, à cause du courage qu'elle montra devant cette ville !... donne-moi ta main, fourrier, puisque tu es digne de ta mère.

RAYMOND.

Général !

LAMARQUE.

Et que fais-tu par ici ?...

RAYMOND.

Je me promène en attendant ma mère qui est allée aux provisions pour la cantine.

LAMARQUE.

Ah ! dis donc ! voilà une jolie fille dans cette boutique de fleurs.

RAYMOND.

C'est vrai, général ; je la connais... c'est elle qui appela à mon secours, lorsque je fus attaqué près d'ici.

LAMARQUE.

Ah ! diable, mon garçon, ton devoir est d'être reconnaissant. (*A Manhès*). Allons-nous au palais ?

MANHÈS.

Allons ! (*Ils sortent*).

SCÈNE VI.

BIANCA, RAYMOND, puis MANFREDI, Sous-Officiers.

RAYMOND.

Bonjour, signora !

BIANCA.

Bonjour, M. l'officier !

RAYMOND.

Officier !... pas encore... Il faudra m'appeler ainsi lorsque vous me verrez des épaulettes d'argent à la place de mes épaulettes de laine.

BIANCA.

Ce sera peut-être bientôt, car on dit que vous êtes courageux et d'une bonne conduite.

RAYMOND.

Ce sera quand nous ferons la guerre, et alors, vous ne me verrez pas, puisqu'il m'aura fallu m'éloigner.

BIANCA.

Il n'est pas dit que vous ne reviendrez pas.

RAYMOND.

Je le désirerai du moins !

BIANCA.

Pourquoi?

RAYMOND.

Pour revoir Naples que j'aime... Pour vous revoir, vous qui m'avez sauvé de la mort, peut-être!

BIANCA.

Ne parlez pas ainsi... Je fus si heureuse de vous venir en aide, que c'est à moi de me croire obligée; donc vous voudriez, si vous partez, revoir Naples et me revoir.

RAYMOND.

Oui.

BIANCA.

Savez-vous si je serai encore là?... Sais-je ce que je serai devenue?

RAYMOND.

Comment?

BIANCA.

Je ne m'appartiens pas... je dépends de mon tuteur Mozzanino, qui peut avoir des desseins et m'emmener s'il s'éloigne.

RAYMOND.

Oui, votre tuteur, je le sais, est d'un caractère qui peut lui être funeste, tôt ou tard... Il a des amis qui peuvent l'entraîner, le perdre peut-être!

BIANCA.

Comment avez-vous appris cela?

RAYMOND.

Parce que je m'inquiète et m'informe de tout ce qui vous intéresse.

BIANCA.

Eh bien! sachez que sans abandonner lâchement celui qui fut chargé de m'élever, pour rien au monde je ne prendrai part à des projets auxquels une femme, une jeune fille, doit toujours rester étrangère.

RAYMOND.

J'aime à vous entendre parler ainsi, Bianca, et votre langage dissipe des craintes que...

BIANCA.

Eh bien! pourquoi vous interrompre? Que regardez-vous là-bas?

RAYMOND.

Des camarades qui viennent de ce côté, et parmi eux un homme auquel je ne puis m'accoutumer, car il me semble, par pressentiment, que nous finirons tous deux et ensemble par une mauvaise rencontre!

MANFREDI, *aux sous-officiers.*

Qu'est-ce que je vous disais : voilà notre camarade Raymond en train de roucouler, comme vous dites, vous autres Français!

UN SOUS-OFFICIER.

C'est drôle, Manfredi, que tout en servant sous les drapeaux de la France, tu parles toujours de nous comme si nous étions des étrangers pour toi?

MANFREDI.

Non, mais je suis Génois, et quoique enrôlé parmi vous depuis longtemps, j'ai peine à perdre mes anciennes habitudes. (*A Bianca*). Je vous salue, signora, la fleur des fleurs, la rose des roses!

BIANCA.

Dieu vous garde!

MANFREDI.

Je ne trouble pas un entretien galant et passionné?

BIANCA.

Non!

MANFREDI.

A la bonne heure!

RAYMOND.

S'il en était ainsi, je vous le dirais franchement.

MANFREDI.

Et alors?

RAYMOND.

Alors vous verriez ce que vous auriez à faire, sergent Manfredi.

MANFREDI.

C'est-à-dire que je prendrais conseil de moi-même, selon mon habitude.

RAYMOND.

Vous feriez un peu ce que désirerait la jeune marchande.

MANFREDI.

J'aime à croire qu'elle ne saurait m'ordonner de quitter la place... Achetez-vous des fleurs, fourrier?

RAYMOND.

Non!

MANFREDI.

J'en achète, moi, j'en achète tous les jours, ici, jamais ailleurs!

RAYMOND.

Je sais que vous êtes assidu devant cette boutique.

MANFREDI.

Oui, et vous?

RAYMOND.

Moi aussi !

MANFREDI.

Vous n'êtes pas sage, voici votre mère la cantinière qui va vous gronder.

RAYMOND.

Ma mère ne me gronderait que d'une chose, de ne pas faire mon devoir d'homme de cœur et de soldat.

SCÈNE VII.

LES MÊMES, LA MÈRE RATISBONNE, BURG, DEUX SOLDATS.

MANFREDI.

Arrivez-donc, mère Ratisbonne, voici votre fils qui flâne, sans votre permission, devant les boutiques de cette place.

RATISBONNE.

Prends garde de t'enrhumer, coq génois ; tu as l'habitude de chanter la romance sur une note de grosse caisse.

MANFREDI.

Tiens... vous parlez comme une musicienne !

RATISBONNE.

La musique, il y a longtemps que je m'y délecte avec accompagnement de clarinettes d'artillerie.

BURG.

Oui !

RATISBONNE.

Tu dis ?

BURG.

Je dis, oui ! même que vous en étiez avant la révolution, au temps des gardes françaises, à ce que prétend notre chef de file des sapeurs.

RATISBONNE.

Tais toi, Burg, on ne parle qu'à son tour... Est-ce que tu vas t'asseoir sur mes carottes ?

BURG.

Çà les amolirait.

RATISBONNE.

Te voilà, Raymond ? Qu'on embrasse cette vieille mère... et maintenant, fixe !... immobile !... Burg, regarde donc ; qu'il est beau mon garçon !

MANFREDI.

Vous le passez à l'inspection, cantinière !

RATISBONNE.

Oui, mais s'il avait à s'aligner avec un particulier quelconque, je suis tranquille, il se tiendrait fièrement sous les armes.

BURG.

Faut-il continuer péremptoirement vers la cantine?

RATISBONNE.

Ensemble, tout-à-l'heure et simultanément.

BURG.

Simultanément!

MANFREDI.

Ah ça, mon brave, vous vous posez donc tous les jours de corvée à la cantine?

BURG.

Je m'y pose depuis quinze ans par honneur pour la mère Ratisbonne; les ceux qui seraient renversés par la surprise, qu'ils aveignent une pipe et qu'ils fument de longueur.

MANFREDI.

Ils sont curieux, parole d'honneur.

RATISBONNE, *à Bianca.*

Petite, tu es venue en aide à mon garçon attaqué par des canailles... je m'en souviendrai toujours; si la mère Ratisbonne peut t'être utile à quelque chose, tu peux compter sur elle à perpétuité. En route, Burg.

BURG.

Présent!

RAYMOND.

Au revoir, signora.

RATISBONNE.

Viens-tu, fiston?

RAYMOND.

Voilà, mère.

(*On entend un tumulte qui grossit. La place se remplit de monde*).

SCÈNE VIII.

LES MÊMES, MOZANINO, LAZARONI, PEUPLE.

MOZZANINO.

Non! il n'en sera pas ainsi!... on ne veut plus qu'il y ait un chef des Lazaroni, on détruit nos priviléges! nous allons voir!

LES LAZARONI.

Oui! Oui!

BIANCA, *à Mozzanino.*

Prenez garde!

MOZZANINO.

Laisse moi tranquille ! je suis chef des Lazaroni, j'ai un devoir à remplir et je le remplirai !.. Je dis que cette proclamation que j'ai arrachée doit exciter la colère et la vengeance ! Ecoutez tous ! (*Il lit.*) — « Le ministre de la police, Salicetti, fait savoir au peuple de Naples que les Lazaroni doivent renoncer à un ancien privilége qui attribuait à leur chef une sorte de pouvoir incompatible avec les lois actuelles et la tranquillité de la capitale. Il est ordonné aux Lazaroni de se confondre dans les rangs de la population, ne fût-ce que par un principe d'égalité naturelle. Les statuts qui régissaient cette corporation sont et demeurent abolis, et toute tentative pour les conserver ou les rétablir serait punie avec rigueur et promptitude. » — (*Rumeur parmi les Lazaroni.*) Et l'on croit que nous subirons patiemment cette atteinte à nos droits, cet affront qu'aucun pouvoir n'a osé jusqu'ici nous adresser !...

LES LAZARONI.

Non ! non !

MOZZANINO.

Plutôt mourir !... Lazaroni, je suis votre chef ; à moi de vous défendre et de vous guider !..

SCÈNE IX.

LES MÊMES, LAMARQUE ET MANHÈS.

MANHÈS.

Que vous disais-je tout à l'heure ?

LAMARQUE.

Ma foi, vous aviez raison.. mais ce n'est peut-être qu'une bourrasque.(*Aux Lazaroni.*) Holà ! moins de bruit ! surtout près du palais !

MOZZANINO.

Nous ne voulons rien entendre !

LAMARQUE.

Prends garde, mon vieux, ne te laisse pas trop chauffer la tête par le soleil napolitain !

MOZZANINO.

Nous ne voulons pas obéir à la proclamation !

LAMARQUE.

Commandant, faites sortir la garde sous les armes !

MANHÈS.

Ah ! vous voulez jouer ce jeu-là ! nous allons voir.

MOZZANINO.

Attaquons avant qu'on ne nous attaque ! Au palais !

LES LAZARONI.

Au palais !... (*Rappel de divers côtés ; la garde vient en scène; violent tumulte, commencement de mêlée.*)

SCÈNE X.

LES MÊMES, MURAT.

(*Murat entre vivement, s'arrête, croise les bras et regarde autour de lui.*

MOZZANINO.

Respect aux priviléges des Lazaroni !...

LES LAZARONI.

Oui ! oui !

MURAT, *d'une voix éclatante.*

Respect au roi d'abord !

LAMARQUE.

Sire, laissez-nous le soin de faire justice de cette sédition !

MURAT.

Laissez-moi me souvenir que je suis et que je veux être toujours souverain et soldat !

MOZZANINO.

Qu'on nous rende ce que nous possédons depuis le siècle où Mazaniello remua Naples et en fut maître !

MURAT.

Oui, mais vous aviez alors des rois fainéants. Aujourd'hui, gouverner c'est agir, c'est vouloir, c'est pouvoir ; et je gouverne, moi !

MOZZANINO.

Et nous, nous ne céderons pas à l'oppression !

MURAT.

Silence! d'un geste, je pourrais précipiter sur vous mes soldats, et vous faire écraser ! Tenez, je ne veux pas même de mon sabre ! (*Il ôte son sabre et le remet à un officier. — S'avançant.*) Est-ce que vous voudriez me faire peur, par hasard? Officiers, soldats : faites-moi place, que je leur parle de près ! (*Rumeurs.*) J'ai dit silence, qu'on se taise! Laissez là vos poignards, c'est l'arme des esclaves, et je vous ai faits libres ! Que parlez-vous de prérogatives que le temps a détruites plus que mes ordonnances et mes proclamations !

MOZZANINO.

Elles n'ont pas cessé d'exister.

MURAT.

Alors, je les tue! Qu'on arrête cet homme! je le bannis de

Naples! (*Rumeurs.*) Je n'ai quitté les champs de bataille pour un palais qu'afin d'élever un sceptre à la hauteur de mon épée ! Je suis venu parmi vous pour vous régénérer, pour rendre à votre nation le rang qu'elle mérite et qu'elle avait perdu. Je vous ai apporté des lois, des institutions, des travaux, des armes !.. Cela vaut mieux que de vieilles coutumes entretenant une paresse héréditaire, l'oubli de toute dignité, et le sommeil de votre patriotisme. Il n'y a plus de Lazaroni ou de castes privilégiées ; il n'y a que des Napolitains... et vive Naples !

TOUS.

Vive Naples !

MURAT.

Si vous aviez donné à Salicetti le temps d'arriver avant moi, il vous faisait tous prisonniers, et c'est à lui que vous auriez appartenu. Au lieu de vous laisser entraîner par des factieux qui vous trompent, fiez-vous à moi. Venez; allons ensemble visiter les chantiers de Castellamare. On y construit des vaisseaux qui vous donneront une marine redoutable, et nous dominerons cette mer de Sicile où je ne veux plus voir flotter le pavillon de l'Angleterre !...

TOUS.

Vive Murat !

(*On sort au milieu des acclamations.*)

CHANGEMENT.

Deuxième Tableau.

LA CASERNE.

Des soldats entrent en scène ; les uns fourbissent leurs armes ; d'autres blanchissent leurs buffleteries; un maitre d'armes donne leçon à ses soldats. Le perruquier rase ; Burg, un tablier de cuisine devant lui, gratte des légumes.

SCÈNE 1re.

LE PERRUQUIER, LE MAITRE D'ARMES, BURG, ÉTIENNE, SOLDATS.

ÉTIENNE, *à un soldat.*

Tiens mes buffleteries, passe-moi le blanc ; c'est ça, très-bien !

LE MAITRE D'ARMES.

Une, deusse! froisse l'épée et tends la main... là... ah! bien!... maintenant contre et quarte... dégage et coupe... là!... ah! ça y est... seulement pas assez vif... Recommençons!

UN SOLDAT, *qu'on rase.*

Ne racles pas si fort, merlan, tu vas m'endommager le physique.

LE PERRUQUIER.

C'est toi qui ne te tiens pas tranquille.

ÉTIENNE.

Comme tu y vas, Burg!

BURG.

Dame! je ne veux pas que la mère Ratisbonne ait la moindre chose à dire... Elle est susceptible à l'endroit des légumes, vous le savez, et moi je n'aime pas les reproches, encore moins d'elle que de tout autre!

ÉTIENNE.

Dis donc Burg?

BURG.

Quoi?

ÉTIENNE.

Depuis bientôt quinze ans que tu files à ses pieds le parfait amour, est-ce que tu ne commences pas à en avoir assez?

BURG.

Jamais! la mère Ratisbonne est pour moi comme le drapeau du régiment; quand on l'aime, c'est sacré et pour toujours!

ÉTIENNE.

Cependant, voyons, t'as beau dire... Le fourrier Raymond...

BURG.

Ah! oui v'là! v'là l'éternelle chanson!

ÉTIENNE.

Dam! il me semble que puisqu'elle est la mère...

BURG.

Eh bien, ça prouve-t-il pour ça qu'elle ne soit pas la meilleure, la plus brave des femmes? Pauvre orpheline, sans parents, sans même un nom, il lui est arrivé ce qui arrive à tant d'autres qui n'ont personne pour veiller sur elles, pour les protéger, pour les défendre! Trompée par je ne sais qui... elle eut le courage de sa faiblesse, de sa faute... C'est son enfant dans les bras, qu'elle est venue se présenter au régiment en qualité de vivandière; c'est son enfant sur le dos qu'elle a fait avec nous les campagnes d'Italie, d'Allemagne, de Bavière et de Saxe... Toujours tendre pour son fils, bonne avec les soldats ses camarades et dévouée pour les blessés que plus d'une fois elle est allée ramasser sur le champ de bataille à travers les balles et les boulets, comme s'il en eût neigé ! Cré nom !... trouvez m'en deux comme ça dans le globe entier, je vous en défie!

ÉTIENNE.

Voyons, voyons, Burg, nous n'avons pas voulu manquer ni à la mère Ratisbonne ni à toi.

BURG.

Je l'espère bien, car sans ça, cré nom d'une cartouche ! nous aurions vu de quoi il retourne !

ÉTIENNE.

Puisqu'on te dit que c'est une plaisanterie.

BURG.

Eh bien ! je n'aime pas ces plaisanteries-là !

ÉTIENNE.

Comment !... histoire de rire un peu !...

BURG.

Non, on ne doit pas se permettre ça au sujet d'une femme que le petit caporal (qui vous vaut bien, j'espère,) a honoré d'une façon toute particulière. Je vois encore le moment où en passant devant le front du régiment, il dit au colonel : Où est la vivandière ? — La voilà, sire, et en effet la main au chapeau elle venait de sortir des rangs... Je vous ai remarquée hier pendant la bataille, vous vous êtes noblement conduite. — Comme tant d'autres sire, qu'elle répondit, j'ai fait de mon mieux ! — Comment vous nommez-vous ? — Joséphine, sire.— Votre nom de famille ?—Je n'en ai pas, je suis orpheline !—Eh bien, je vais vous en donner une, moi !... — Il détache alors la croix qu'il avait sur la poitrine, la place sur celle de la vivandière en lui disant : — C'est à Ratisbonne que vous vous êtes signalée ; eh bien ! Joséphine Ratisbonne, voici la croix de la légion d'honneur !... — Vive l'Empereur ! s'écria le régiment tout entier, et nous pleurions tous comme des enfants, tant nous étions fiers et heureux de l'honneur rendu à notre vivandière. Vous voyez donc bien qu'une pareille femme doit être respectée par vous quand elle l'a été par l'Empereur lui-même !

ÉTIENNE.

Burg, je te jure qu'à l'avenir, même en plaisantant, je ne me permettrai plus...

BURG.

J'y compte alors, et n'en parlons plus ! (*Il se remet à ratisser les légumes. Pendant ce récit tous les soldats se sont groupés autour de Burg... le perruquier a laissé un des soldats tout barbouillé de savon.*)

LE PERRUQUIER.

D'après ce que vient de dire Burg, je regrette que la mère Ratisbonne ne soit pas un grenadier, je voudrais la raser tous les jours sans rétribution.

LE SOLDAT, *qui est tout barbouillé de savon.*

Dis donc, merlan, si tu me finissais.

LE PERRUQUIER.

Voilà, assieds-toi ! (*Il se met à le raser.*)

ÉTIENNE.

Burg.

BURG.

Quoi ?

ÉTIENNE.

Toi qui étais de planton hier chez le colonel, n'as-tu pas entendu parler de nouvelles promotions dans le corps des officiers et sous-officiers ?

BURG.

Oui, le capitaine en parlait encore ce matin, il paraît que c'est arrêté.

ÉTIENNE.

Sais-tu quels sont ceux qui sont portés.

BURG.

Non, le capitaine ne l'a pas dit. (*Il rentre dans la cantine emportant les légumes qu'il a épluchés.*)

ÉTIENNE.

Je gagerais bien que le fourrier Raymond sera un des premiers parmi les sous-officiers à attraper l'épaulette et ce sera justice, car, franchement, il n'y en a pas un qui en soit plus digne que lui.

SCÈNE II.

LES MÊMES, MANFREDI.

(*Il est entré pendant cette dernière phrase qu'il a entendue.*)

MANFREDI.

Et en quoi est-il plus digne qu'un autre de cet honneur ? Je serais curieux de le savoir.

ÉTIENNE.

Parce qu'il est brave, studieux et qu'après s'être maintes fois signalé comme il a fait, il me semble qu'il a droit à l'épaulette.

MANFREDI.

Il est heureux pour d'autres qui croient valoir en tous points

M. Raymond, que les promotions ne dépendent pas de toi, car ils risqueraient fort de voir leurs droits méconnus. Après ça tout le monde n'a pas la chance d'avoir une mère cantinière, ça fait des partisans.

ÉTIENNE.

Ce que vous dites-là n'est pas bien, sergent... quand je vais à la cantine, c'est que j'ai de quoi me passer du gratis, entendez-vous ! si mon opinion vous contrarie, j'en suis fâché... je ne saurais en changer pour vous être agréable... ce que j'ai dit je le maintiens.

MANFREDI.

Tâche de le prendre sur un ton un peu moins haut, si tu ne veux pas que je t'envoie à la salle de police.

ÉTIENNE.

Il ne s'agit pas ici de service et il me semble que je puis bien...

MANFREDI.

Je suis ton supérieur, et, de service ou non, tu dois me respecter; tâche de ne pas l'oublier.

ÉTIENNE.

Très-bien, sergent, très-bien, seulement avec tout le respect que je vous dois, permettez-moi de croire que vous ne diriez pas à Raymond, ce que vous vous croyez en droit de me dire à moi.

MANFREDI.

Et pourquoi cela ?

ÉTIENNE.

Parce qu'il a le même grade que vous, et, pour avoir raison, il ne vous serait peut-être pas aussi facile de lui imposer silence.

MANFREDI.

Envoie-le moi, et tu verras.

ÉTIENNE.

Vous l'envoyer, ce n'est pas mon affaire, mais je réponds de lui comme de moi-même. Ah ! cré nom ! si j'avais seulement ce qui me manque là ! (*du doigt il trace un galon de sergent sur son habit.*)

MANFREDI.

Je crois que tu oses me provoquer !

ÉTIENNE.

Prenez-le comme vous voudrez ?...

MANFREDI.

Si la discipline me le permettait, je te prouverais tout de suite ce que je vaux. En attendant, et bien que tu ne sois pas de ma compagnie, je te condamne à quatre jours de salle de police... Si ton fourrier Raymond, que tu défends avec tant de chaleur, le trouve mauvais, qu'il vienne me trouver, je me charge de lui répondre. (*Il sort.*)

SCÈNE III.

LES MÊMES, moins MANFREDI.

ÉTIENNE.

Oh! si le conseil de guerre n'était pas là, avec quel plaisir on taperait sur un pareil particulier!

LE PERRUQUIER.

Tu aurais dû te retenir davantage.

ÉTIENNE.

Et le pouvoir quand on voit un méchant Italien de son espèce!....

LE PERRUQUIER.

Je ne dis pas cela pour toi, mais pour Raymond; tu l'as mis dans la nécessité de relever la querelle, et attendu qu'ils ne s'aiment pas beaucoup ni l'un ni l'autre...

ÉTIENNE.

C'est vrai, mais ça a été plus fort que moi... Ah! si l'occasion de le rattraper arrive jamais, avec quelle satisfaction j'en découdrai avec lui! En attendant la salle de police, entrons un brin à la cantine, le sang me bout, j'ai besoin de le calmer. (*Ils entrent dans la cantine.*)

SCÈNE IV.

RAYMOND, RATISBONNE.

RATISBONNE.

Ah ça, voyons, fiston, j'espère que tu vas te faire une raison, la petite est avenante, j'en conviens, tu t'en es amouraché, je le conçois, mais je persiste dans mon avis, il faut renoncer à tes projets.

RAYMOND.

Mais, vous le savez, ma mère, il n'est pas aussi facile de commander à son cœur qu'on le voudrait quelquefois; j'aime cette jeune fille, non comme une de ces amourettes qui font le passe-temps des garnisons, mais d'un amour sincère, véritable.

RATISBONNE.

Mon garçon, tu es jeune, tu as le cœur tendre, c'est de ton âge. Il n'en est pas tout à fait de même de moi, je t'aime pour le moins autant que tu peux aimer ta jeune Napolitaine et je te le dis tout net, et foi de Ratisbonne, cet amour est une folie !

RAYMOND.

Pourquoi, ma mère ?

RATISBONNE.

D'abord tu es Français, et pour ce Mozzanino, son tuteur, de qui elle dépend, les Français sont des ennemis. Et puis, es-tu vraiment dans une position à songer à te marier ?

RAYMOND.

Mais, ma mère, j'espère ne pas en rester là, j'obtiendrai l'épaulette comme tant d'autres.

RATISBONNE.

J'y compte bien aussi ; mais c'est égal, va, dans la carrière que tu suis, reste libre, crois moi, j'ai de l'expérience. Lorsque tu étais tout petit, et que dans une bataille, il y avait un danger à courir, je me surprenais quelquefois à hésiter, je me disais : si je suis tuée, qui prendra soin de mon petit Raymond ? et malgré moi, ça me retenait ; il en serait de même pour toi ; certainement ça ne t'empêcherait pas de faire ton devoir comme je faisais le mien, mais c'est égal, crois-moi, oublie cet amour ; n'as-tu pas ta mère à aimer, et la plus belle de toutes les maîtresses à servir, la France !

RAYMOND.

Vous avez raison, ma mère, mais une semblable résolution...

RATISBONNE.

Ne se prend pas ainsi tout d'un coup, voilà ce que tu veux dire. Eh bien ! c'est un tort, car c'est comme ça qu'il faut que ce soit, les demi-mesures ne mènent jamais à rien de bon !

RAYMOND.

Cependant...

RATISBONNE.

Je suis du système du major du régiment ; quand il voit un malade qui souffre par trop d'un bras ou d'une jambe cassée, quand il est convaincu qu'il n'y a pas de guérison possible, il tranche dans le vif, il abat le bras ou la jambe et il sauve son malade. Fais de même, tranche dans le vif... ça ne te sourit pas, hein ? mauvais malade ! Oh ! mais il faudra bien que je te réduise, ou nous verrons !

RAYMOND.

Que vous êtes bonne !

RATISBONNE.

Dis-tu bien ce que tu penses dans ce moment-ci ?

RAYMOND.

Vous en douteriez !

RATISBONNE.

Dam! les amoureux généralement aiment qu'on leur donne de l'espoir, et je suis loin de t'en donner.

RAYMOND.

Est-ce que je ne sais pas que vous êtes la plus digne et la meilleure des femmes?... Mais dites-vous bien aussi que vous êtes la plus aimée et la plus vénérée des mères. Vous me parlez le langage de la raison, je le reconnais; mais que voulez-vous, c'est le temps seul qui fera le reste... Puis, peu à peu, la distraction... vos conseils... vous verrez que ça viendra...

RATISBONNE.

Je le souhaite... mais j'ai bien peur d'avoir affaire à un incurable.

SCÈNE V.

LES MÊMES, BURG, ÉTIENNE, SOLDATS, *soutenant Étienne qui est gris.*

BURG.

Oui, tu as mon approbation, et à ta place j'en aurais fait tout autant.

ÉTIENNE.

Je me rends à la salle de police, mais je le répète, je le rattraperai, ce gueux d'Italien!

RAYMOND.

Qui donc t'a mis à la salle de police?

ÉTIENNE, *se retournant.*

Ah! c'est vous, mon fourrier; vous demandez qui m'a mis à la salle de police, eh bien! c'est l'Italien.

RAYMOND.

Manfredi!

ÉTIENNE.

Lui-même!

RAYMOND.

S'il t'a vu dans l'état où tu es, il a bien fait.

ÉTIENNE.

L'état où je suis! c'est la colère qui m'y a mis; dire que ce méchant Génois a osé vous insulter, vous et votre mère, la digne Ratisbonne, elle... la brave des braves!

RAYMOND.

Tu ne sais ce que tu dis, Manfredi; insulter ma mère, et à quel propos

ÉTIENNE.

Je vous dis qu'il l'a fait... ici... à cette place, en me parlant à moi... et je lui ai répondu même de telle sorte, qu'il m'a collé pour huit jours à la salle de police... en ajoutant que si vous n'êtes pas content, vous n'avez qu'à venir lui parler, qu'il vous répondrait. (*Aux soldats*). Est-ce pas vrai, vous autres?

LE PERRUQUIER.

Mais, voyons-donc, Étienne, voyons-donc!

ÉTIENNE.

Pour me calmer je suis entré à la cantine, et voilà ce qui fait que dans ce moment...

RAYMOND, *aux soldats*.

Emmenez Étienne! (*On exécute les ordres de Raymond*).

ÉTIENNE.

Vous avez beau m'emmener, il me le paiera! Je vous dis qu'il me le paiera.

SCÈNE VI.

RAYMOND, RATISBONNE, BURG, puis MANFREDI.

RAYMOND, *à Burg*.

Viens avec moi, Burg!

BURG.

A vos ordres.

RATISBONNE.

Où vas-tu, Raymond?

RAYMOND.

Trouver le fourrier Manfredi, et lui demander une explication.

MANFREDI, *qui est entré vers la fin de la scène*.

Ne vous dérangez pas, me voici tout à vos ordres.

RAYMOND.

Vous avez entendu ce que vient de dire Étienne?

MANFREDI.

Oui, j'étais là.

RAYMOND.

Eh bien, que dois-je penser de ce qu'il a avancé...? Parlez, monsieur, car voilà déjà différentes fois que je vous trouve mêlé à des faits qui me sont personnels, et je serais bien aise de savoir à quoi m'en tenir avec vous!

MANFREDI.

Oh! oh! nous le prenons aujourd'hui sur un ton bien haut,

cela me va parfaitement, je vous ai trouvé jusqu'ici si peu susceptible.

RAYMOND.

Que vous m'ayez trouvé plus ou moins susceptible, là n'est pas la question. Que s'est-il passé? Comment et pourquoi ma mère et moi avons-nous été mis en jeu par vous dans cette circonstance? Expliquez-vous, que s'est-il passé?

MANFREDI.

Voilà bien des questions!

RAYMOND.

Auxquelles, ce me semble, vous ne pouvez vous dispenser de répondre.

MANFREDI.

Vous croyez; eh bien, c'est ce qui vous trompe.

RAYMOND.

Comment! on vous accuse de m'avoir insulté... d'avoir insulté ma mère en notre absence, et vous refuseriez...

MANFREDI.

Pourquoi pas?

RAYMOND.

Eh quoi! c'est impossible... Réfléchissez... que voulez-vous que je pense d'une pareille conduite?

MANFREDI.

Peu m'importe ce que vous en penserez, au surplus mettez qu'on a dit vrai... et voyez ce qui vous reste à faire.

RAYMOND, *avec une colère concentrée.*

Sergent Manfredi!

MANFREDI.

Je suis à vos ordres!

RAYMOND.

Je l'espère bien; mais vous avez infligé à Étienne, à cause de moi, une punition qu'il ne méritait pas, je veux avant tout que cette punition soit levée, je vais en référer au capitaine.

MANFREDI.

Eh quoi?

RAYMOND.

Vous ne perdrez rien pour attendre! (*Il sort*).

(*Pendant cette scène Burg s'est rapproché de Ratisbonne*).

SCÈNE VII.

MANFREDI, RATISBONNE, BURG.

BURG, *bas à Ratisbonne.*

C'est une mauvaise querelle!

RATISBONNE, *de même.*

Oui, mais nous allons voir!

MANFREDI.

Pour finir de la sorte, ce n'était guère la peine de se poser si crânement.

RATISBONNE.

Qu'est ce que vous prétendez par ces paroles?

MANFREDI.

Que s'il avait du cœur, ce n'est pas le capitaine que votre fils devrait placer entre lui et moi, mais son épée ou un espadon!

RATISBONNE.

Oui, voilà ce que tu demandes, ce que tu cherches depuis longtemps. Tu es arrivé à tes fins, n'est-ce pas?

MANFREDI.

Arrivé!... Oh! ça n'est inquiétant ni pour l'un ni pour l'autre. Votre fils a envisagé les choses à un point de vue peu dangereux. Aussi je trouve que vous avez eu tort d'en faire un militaire... une autre carrière lui aurait certainement mieux convenue. La police de l'armée, par exemp e!

RATISBONNE.

Misérable!

BURG, *à part.*

Cré nom! cré nom!

MANFREDI.

Oui, on aurait pu l'employer là avec quelque avantage!

RATISBONNE.

N'insulte pas mon fils, car il a plus de cœur, il est cent fois plus brave que toi. Tu prends ton insolence pour du courage; ce n'est que de la confiance dans ton adresse.

BURG.

C'est que ça y est!

RATISBONNE.

Pilier de salle d'armes, tu te fais un jeu de provoquer et un plaisir de blesser ou de tuer; si tu n'étais pas certain de ton coup, je suis sûre que tu serais lâche!

MANFREDI.

Ratisbonne!

RATISBONNE.

Oui, lâche, je le répète!

BURG, *à part.*

Bien dit! bien dit!

RATISBONNE.

Oh ! mais, malgré ton habileté, mon fils n'aura pas plus peur de toi que je n'en aurais peur moi-même. J'ai eu affaire à des oiseaux qui valaient mieux que tu ne vaux, et c'était sur le champ de bataille où tu n'aurais peut-être pas le même aplomb.

BURG.

J'en ai idée ! j'en ai idée.

MANFREDI.

Ça finit par devenir amusant !

RATISBONNE.

Tu trouves? Si j'avais seulement une épée sous la main, je te ferais voir tout de suite...

MANFREDI.

Pour l'usage qu'il en fait, votre fils aurait bien dû vous laisser la sienne avant de se rendre chez le capitaine.

RAYMOND, *rentrant.*

Le capitaine est un brave... il te connaît... il m'a donné carte blanche ! (*Il frappe Manfredi du plat de son sabre*). Et maintenant que je t'ai frappé du plat de mon épée, je t'en présente la pointe.

MANFREDI, *dégainant.*

A moi tout ton sang !

(*Roulement de tambours, mouvement dans le quartier, les soldats courent aux armes et viennent prendre leurs rangs*).

BURG, *à Ratisbonne.*

Bougez pas... il a besoin d'une saignée...

MANFREDI.

Partie remise, mais nous nous reverrons.

RAYMOND.

Je l'espère bien !

SCÈNE VIII.

LES PRÉCÉDENTS, LE GÉNÉRAL LAMARQUE.

LAMARQUE.

Officiers, sous-officiers et soldats, le roi pour témoigner sa satisfaction au régiment, a ordonné les promotions que voici : Le chef de bataillon Gauthier est nommé lieutenant-colonel; le capitaine Dufau, chef de bataillon; les lieutenants Arthaud, David et Laborie, capitaines; le fourrier Manfredi, sous-lieutenant. (*Roulement de tambours*). Cette promotion devait avoir lieu pendant une revue ; le roi n'a pas voulu qu'on attendit cette circonstance. Mère Ratisbonne, il s'agit d'arroser les nouvelles épaulettes.

RATISBONNE.

Ah! général, ça me rappelle le jour où je vidai mon baril pour faire honneur à celles qu'on vous donnait dans les grenadiers de la Tour-d'Auvergne.

LAMARQUE.

Oui, ce fut un beau jour; ce sera bientôt aussi le tour de ton fils. Allons, à moi de porter la première santé... des verres!

RATISBONNE

Voilà... chacun a le sien!

MURAT, *qui est entré sans être vu.*

Excepté moi, mère Ratisbonne.

TOUS.

Le roi!

MURAT.

Oui, le roi, eh bien! vous êtes surpris de me voir, moi qui ne cesse de penser à vous, moi, qui dans mon palais ne saurais oublier mes camarades de la caserne. Un verre donc, mère Ratisbonne, et buvons à la gloire de ce régiment.

TOUS.

A la gloire du régiment!

MURAT, *à tous les soldats.*

Allons, venez, approchez, entourez-moi. J'ai rarement le temps de vous visiter; qu'y-a-t-il de nouveau? Vous plaisez-vous à Naples? Vous avez du repos, de la tranquillité?

BURG.

Nous en avons de reste.

MURAT.

Ah!

RATISBONNE.

Excusez-le, sire, il a l'habitude de dire ce qu'il pense.

MURAT.

Et il fait bien. (*A Burg*). Voyons, tu n'es pas content

BURG.

Non!

MURAT.

Pourquoi?

BURF.

Parce qu'on s'endort par ici; le pays est assez beau, le solei tape ferme, mais cela pousse en diable à la paresse... On va à la parade, on astique son fourniment, on flâne à la cantine, mais on perd son allure de guerrier, on devient bourgeois.

MURAT.

Eh ! eh ! c'est un peu vrai, tout cela. Cependant on ne peut pas toujours faire la guerre !

RATISBONNE.

Oh ! quant à ça, sire, ce n'est pas à vous de parler ainsi.

MURAT.

Comment ?

RATISBONNE.

Vous ne me ferez pas accroire que vous aimez à mener la vie de chanoine... Si vous deviez longtemps rester tranquille dans votre palais, vous donneriez votre démission.

MURAT.

Alors ton avis est qu'il faut...

RATISBONNE.

Faire battre la charge et ronfler le canon, quand ça ne serait que pour nous réveiller un brin et ne pas en perdre l'habitude.

MURAT.

Eh bien ! mes enfants, je pense comme vous. Et je vais vous donner de la distraction. Vous allez partir pour la Calabre et vaincre les brigands qui insultent à notre autorité dans ce pays... et plus tard, nous attaquerons un autre ennemi ! Nous chasserons les Anglais des mers qui nous avoisinent et des îles qu'ils tiennent sous leur domination. Préparez-vous, le général Manhès réunit en ce moment une division que je confie à sa valeur, vous le suivrez, et, à votre retour, afin de vous récompenser, je vous montrerai de nouvelles victoires à remporter ! Adieu !

(*Roulement de tambours ; Murat sort*).

LAMARQUE.

Soldats, soyez prêts à partir demain au point du jour.

(*Les rangs se rompent, les soldats entrent dans la caserne*).

CHANGEMENT.

Troisième Tableau.

Un Village dans la Calabre. — Maisons de divers côtés.

SCÈNE Ire.

CARLO, jeune paysan, puis JACOPO, GINA, LE PODESTA.

CARLO.

Venez, mes amis, et en attendant qu'on dresse les tables

pour notre repas de noces, voyons si ma fiancée voudra bien nous ouvrir sa porte. (*Ils vont à la porte de Jacopo et frappent*).

GINA, *de l'intérieur.*

Qui est là?

CARLO.

C'est moi, Gina, moi, Carlo!

GINA.

Vous venez de trop bonne heure, je ne suis pas prête... attendez!

CARLO.

Attendre! cela vous est aisé à dire à vous qui n'êtes pas impatiente comme moi.

JACOPO, *paraissant à la fenêtre.*

Voulez-vous bien nous laisser tranquilles, vauriens que vous êtes... Occupez-vous du festin, des plats, du vin surtout, du vin!

CARLO.

Tout ça va venir, beau-père; nous voulions voir Gina.

JACOPO.

Tu la verras tant que tu voudras à partir d'aujourd'hui... laisse-la se faire belle.

CARLO.

Elle l'est bien assez.

JACOPO.

Rappelle-toi ce que tu dis-là, et ne viens jamais me dire le contraire.

CARLO.

Soyez tranquille.

JACOPO.

Je suis tranquille.. car si tu ne rendais pas Gina heureuse...

CARLO.

Eh bien?

JACOPO.

Je t'exterminerais, brigand, pour avoir le plaisir de la rendre veuve.

GINA, *paraissant à la fenêtre, à côté de lui.*

Et savez vous si ça me ferait bien plaisir à moi, mon père?

CARLO.

Ah! bravo, Gina!

JACOPO, *à Gina.*

Veux-tu bien rentrer!...

GINA.

Pas avant de vous avoir embrassé.

JACOPO.

Oui un quart pour moi, le reste pour ce mauvais sujet de Carlo.

GINA.

Non, moitié pour chacun. (*Elle rentre*)

JACOPO.

Tiens! voici le signor Pratolino, notre Podesta.. il a l'air tout préocupé.

TOUS.

Salut, signor Podesta, salut!

LE PODESTA.

Bonjour, mes enfants, bonjour. Voici un heureux moment pour toi, Carlo; amusez-vous tous et sans moi.

CARLO.

Comment? sans vous! nous comptons bien que vous nous ferez l'honneur d'assister à notre repas de noces.

LE PODESTA.

Le sais-je? le pourrai-je? y parviendrai-je?

JACOPO.

Ah! par exemple! si vous allez nous manquer..

LE PODESTA, *il parle tantôt en se tournant vers les paysans, tantôt en levant la tête vers Jacopo.*

Et mon Dieu! pourvu que je ne me manque pas à moi même.

JACOPO.

Qu'y a-t-il donc!

LE PODESTA.

Il y a que Pafaranti et la bande sont dans les environs.

TOUS.

Ah!

JACOPO.

Eh bien! entendez vous avec lui comme l'ont déjà fait tant d'autres Podesta, un tribut à débattre et à payer et vous serez tranquille.

CARLO.

C'est cela!

LE PODESTA.

Oui, mais, il y a autre chose et c'est pour cela que vous me voyez rêveur! Les Français ne sont pas loin, et j'ai reçu l'ordre formel de ne pas pactiser avec les brigands... me voici donc entre Pafaranti et le général Manhès; si j'avais de quoi exterminer Pafaranti, je l'exterminerais et tout serait arrangé... mais je n'ai comme force disponible dans la bourgade qu'un soldat en congé, sous prétexte qu'il a perdu une jambe. Quant au général Manhès, mes enfants, je ne puis songer à le détruire, puisque nous sommes les sujets du roi Murat, sans compter quelques autres raisons... Enfin, me voilà plongé dans une véritable perplexité! Tout me devient suspect, et je ferais arrêter le plus de monde possible, si j'en avais les moyens... Or, je me promène dans la bourgade cherchant des inspirations que je ne trouve pas!

CARLO.

Ah bah! signor Pratolino, restez avec nous. Tenez!... On apporte les tables; il fait beau, nous rirons, nous chanterons!

LE PODESTA.

Oui, mais vous me verrez rêveur!

CARLO.

Tenez, voici Gina.

GINA, *entrant avec Jacopo.*

Votre servante, signor Podesta!

CARLO.

Là, n'est-elle pas gentille à faire tout oublier!

LE PODESTA.

Mon garçon, tu vois avec les yeux d'un fiancé, moi, je regarde tout avec les yeux de la magistrature.

SCÈNE II.

LES PRÉCÉDENTS, FORIOSO ET CAPRICANTI.

Celui-ci est chargé d'instruments de peinture, d'un tableau, etc.

LE PODESTA.

Qui vient là? qu'est-ce que c'est que ces deux hommes?

FORIOSO.

Voyons, mon maître, finirez vous par arriver?

CAPRICANTI.

Mais, mon pauvre Forioso, outre la fatigue du chemin, j'ai la fatigue de tout ce que je porte!

FORIOSO.

Oui, grâce à votre rage pour la peinture.

LE PODESTA.

Etrangers, que faites-vous dans ce pays?

FORIOSO.

Nous allons à droite et à gauche, nous avons chaud, nous avons faim, nous avons soif; sans vous flatter, c'est un pays abominable que la Calabre!

CAPRICANTI.

Signor, j'ajouterai..

LE PODESTA.

Laissez parler votre maître.

CAPRICANTI.

Mais c'est moi qui suis le maître.

LE PODESTA.

Vous n'en avez pas l'air, il ne porte rien, lui, et vous êtes chargé comme une mule de nos montagnes.

CAPRICANTI.

C'est par pur amour pour la peinture, signor Podesta, car vous êtes peut-être le Podesta?

LE PODESTA.

Je le suis suffisamment.

CAPRICANTI.

La bonne tête... le beau type!

FORIOSO.

Tout ça c'est des conversations très inutiles pour le moment... Informez vous donc s'il n'y a pas ici quelque hôtellerie.

GINA.

Non, mais n'importe! En tout temps vous seriez bien reçu.. Aujourd'hui je me marie, et je vous invite à ma noce.

FORIOSO.

Mon enfant, les vœux d'un voyageur portent bonheur.. Je vous embrasse et je vous bénis.

CARLO.

Oui, mais en attendant qu'on se mette à table, il faut vous raffraîchir!

FURIOSO.

Jeune homme, êtes vous le marié?

CARLO.

Oui!

FORIOSO.

Eh bien, je vous bénis également; (*à part*) mais je ne l'embrasse pas...

LE PODESTA.

Tout ça est très-bien, mais vous me voyez rêveur, car enfin, je ne comprends pas pourquoi vous êtes ainsi à errer par notre pays.

FORIOSO.

Puisqu'on vous dit que mon maître possède une manie dangereuse de courir le monde pour faire des multitudes d'images. (*à Carlo.*) Jeune homme, que tout ceci ne vous fasse pas perdre de vue le raffraichissement.

CARLO.

Soyez tranquille. Viens Gina. (*Ils sortent et reviennent un moment après portant du vin et des verres.*)

FORIOSO.

Oui, signor, nous étions bien tranquilles à Naples, lorsque le démon a inspiré à mon maître la pensée de visiter la Calabre, et je vous déclare que cela ne m'amuse pas.

CAPRICANTI.

Voyons, Forioso, il n'y a que deux jours que nous avons laissé notre voiture à la ville voisine. Si depuis nous avons marché à pied, c'est que je voulais mieux voir, mieux saisir les aspects, m'arrêter à ma guise et suivant mon inspiration ! Ah ! signor Podesta, quelle riche contrée !... quel ciel ! quels horizons ! quels arbres ! quels rochers ! paysages pittoresques, je vous traduirai sur la toile, et, grâce à vous, je me ferai un nom qui ne périra pas !

FORIOSO.

En attendant, buvez un peu.

LE PODESTA.

Avez-vous entendu parler de Pafaranti dans vos excursions ?

FORIOSO.

Beaucoup, et je ne tiens pas à le rencontrer.

CAPRICANTI.

Qu'importe ! mon pinceau à la main, je le défierais d'attaquer en moi, un homme qui peut immortaliser ses traits et sa renommée !

FORIOSO.

Allons donc ! il est capable de vous avaler vous, tout votre attirail et nous tous au besoin. (*On entend des cris de joie et des instruments.*)

GINA.

Ah ! voici tous nos amis, tous les invités !

FORIOSO.

Mon maître, j'espère que vous allez me laisser reposer ici ?

CAPRICANTI.

Comme tu voudras, et moi je vais peut être trouver le sujet d'un nouveau tableau.

FORIOSO.

Mangez, buvez et mettez de côté pour quelques heures votre peinture que j'envoie à tous les diables !

JACOPO.

Daignez prendre la place d'honneur, signor Podesta.

LE PODESTA.

Je me laisse entraîner, mais vous me verrez rêveur !

(*Arrivée de paysans et paysanes. — Les jeunes filles entourent et complimentent Gina. — Même jeu pour Carlo de la part des garçons. — On dresse les tables; on s'assied, on va, vient, on danse. — Pas villageois. — Chant de localité repris en chœur par tout le monde. — A la fin du chœur, rumeur au loin qui grossit et se rapproche.*

CHOEUR.

AIR : *de M. Fessy.*

Nous voici pour la noce
Tous joyeux et fringants,
Nous danserons à force,
Profitons des instants
Soyons tous en liesse
Et fêtons ce beau jour,
Par des chants d'allégresse
De bonheur et d'amour.

BALLET.

LE PODESTA.

Quels sont ces coups de feu, mes enfants ?

FORIOSO.

Ne faites pas attention, continuons tranquillement !

CRIS.

Pafaranti ! Pafaranti !

LE PODESTA.

Le vin se glace dans mes veines ! (*Des paysans entrent en tumulte, criant :* Pafaranti ! Pafaranti !

(*Agitation générale. Pafaranti entre accompagné de plusieurs brigands.*)

SCÈNE III.

LES MÊMES, PAFARANTI, BRIGANDS.

PAFARANTI.

Que personne ne bouge, ou nous faisons feu de nos carabines !

LE PODESTA.

Mes enfants, vous... entendez l'invitation du signor Pafaranti, je ne saurais trop vous engager...

PAFARANTI.

Signor Podesta, je vous avais fais dire de me payer le tribut, moyennant lequel je n'avais rien à réclamer de votre bourgado.

LE PODESTA.

Vous m'aviez fait dire... oui, je crois en effet, mais cependant mes souvenirs... vous me voyez rêveur. (*Murmures parmi les brigands*).

PAFARANTI.

Silence! c'est moi qui commande ici et partout!.. C'est la peur des Français, la peur du général Manhès qui vous a retenu!

LE PODESTA.

La peur, c'est un sentiment que j'apprécie... mais...

PAFARANTI.

Mais..., mais..., il faut me payer! Avant de m'engager dans les défilés de la montagne au col de Ténèse, je veux que nous soyons quittes, et pour cela de l'argent! Il en faut à ces hommes, il en faut à nos camarades qui nous attendent, il m'en faut à moi! En avez-vous?

LE PODESTA.

C'est-à-dire nous en aurons bientôt, dans quelques jours, lorsque j'aurai levé sur la bourgade le tribut que vous m'imposez... (*Les brigands se mettent à rire.*)

PAFARANTI.

Ne perdons pas de temps à plaisanter, signor Podesta... nous sommes pressés... J'impose la bourgade à cent ducats, à juste prix. Payez en espèces ou en valeurs diverses, mais payez et promptement.

LE PODESTA.

Mais si cependant...

PAFARANTI.

Dépêchons... nous emportons tout ce que nous pourrons, après avoir pillé, incendié!

LE PODESTA.

Mes enfants, la proposition est nette et précise.

PAFARANTI.

Vous savez comment se pratique la contribution, apportez votre contingent, nous ne sommes pas difficiles, nous acceptons l'argent monnoyé, les bijoux, les montres, les colliers, les croix d'or, et si nous privons les femmes et les jeunes filles de quelques colifichets, leurs amants et les maris sont là pour les dédommager!!! Alerte donc! (*A Forioso et à Capricanti.*) Vous n'êtes pas du pays, à ce qu'il paraît?.,

FORIOSO.

Non signor, nous sommes de pauvres voyageurs bien fatigués.

CAPRICANTI.

Des artistes peintres.

FORIOSO.

Laissez donc là votre peinture...

PAFARANTI.

Je vous trouve dans la bourgade, j'en suis fâché pour vous, mais il faut contribuer.

CAPRICANTI.

Contribuer. ! je suis prêt... Je vous donnerai une œuvre d'art... un tableau... votre portrait si vous voulez.

PAFARANTI.

Mon portrait ! Tiens, c'est une idée ! Je l'enverrai, par plaisanterie, aux autorités napolitaines !...

CAPRICANTI.

Je suis à vos ordres !... Je vais commencer...

PAFARANTI.

Du tout !... Est-ce que j'ai le temps... je vous emmène au Col Tenèse ; vous me peindrez à mes moments perdus !

CAPRICANTI.

Vous nous emmenez !

PAFARANTI.

Oui, j'y tiens !

FORIOSO.

Ah ! bon ! voilà le gentil, le charmant, le superfin de l'affaire !... votre peinture finira par nous conduire au plus profond des enfers.

CAPRICANTI.

Mais, Forioso !

FORIOSO.

Laissez-moi tranquille ; je vous abandonnerais à votre sort, si je savais comment m'en aller.

LE PODESTA.

Signor Pafaranti. (*On étale sur les tables de l'argent, des colliers, des bijoux, des bagues, des croix, etc. — Scène muette et animée.*)

PAFARANTI.

Je ne sais pas si le compte est exact ; s'il y a trop, vous le retiendrez pour dans six mois, lorsque nous reviendrons ; s'il n'y a pas assez, j'enverrai prendre ce qui manque ces jours-ci. Rusco, notre trésorier, fais un paquet de tout cela ! Partons maintenant. (*A Capricanti.*) Et toi, faiseur d'images, en route...

je t'annonce que le voyage sera pénible à travers les rochers et les chemins de traverse !

CAPRICANTI.

Viens-tu, Forioso ?

FORIOSO.

Si je viens ? Et que diable voulez-vous que je fasse ?

CAPRICANTI.

Qui sait ce que la destinée me réserve pour ma gloire et ma renommée !

FORIOSO.

Des bousculades, la famine, la chaleur, une soif d'enragé et peut-être des coups de carabine !

PAFARANTI.

A revoir, signor Podesta.

LE PODESTA.

Signor Pafaranti !

CAPRICANTI, *se chargeant de ses paquets.*

Tu ne m'aides pas un peu, Forioso !

FORIOSO.

Est-ce que je suis peintre, moi ?

PAFARANTI.

Allons ! Partons !... tous les deux !

FORIOSO.

Je ne l'échapperai pas ! (*Pafaranti se met en chemin avec les brigands, Capricanti et Forioso.*)

SCÈNE IV.

LE PODESTA, JACOPO, CARLO, GINA, PAYSANS, PAYSANNES.

GINA.

Eh bien, voilà un joli jour de noces ! adieu la croix d'or que tu m'avais donnée, mon pauvre Carlo.

CARLO.

Ne pleure pas, Gina, j'irai bientôt à la ville, et je t'en rapporterai une autre.

LE PODESTA, *se promenant avec agitation.*

Oui, ce serait le comble du malheur ! ce serait terrible !

JACOPO.

Est-ce qu'il y a encore quelque chose à craindre, signor Podesta ?..

LE PODESTA.

S'il y a craindre!.. Oui... non pour vous, et encore, je n'en sais trop rien!.. Mais, moi!.. qui suis investi de l'autorité, moi à qui le général Manhès avait fait défendre de pactiser avec la bande de Pafaranti, à qui il avait ordonné, comme à tous les autres Podesta, de tenir ferme, d'armer tout le monde, de combattre, de vaincre ou de périr!.. c'est un homme qui ne plaisante pas, un caractère inflexible et qui a juré sur sa redoutable épée de purger la Calabre de tous les bandits... Ah! c'est un rude médecin, mon bon Jacopo, je ne sais pourquoi, en pensant à lui, je me sens pris d'un frémissement intérieur!... Enfin, il n'est pas là, j'aviserai, j'irai le trouver, je lui expliquerai... je... (*Sonnerie de trompettes*). Qu'est-ce que c'est que ça? dites-moi donc ce que c'est que çà?

JACOPO, *qui a regardé.*

Eh mon Dieu! c'est un détachement de soldats français, ils auraient dû arriver plus tôt!

LE PODESTA.

Plus tôt!.. plus tard!.. des soldats français! Et peut-être le général Manhès en personne! Voyons, je le connais, je l'ai vu à Monteleonne!... serais-je capable de le reconnaître!.. Oui j'en serais capable! (*Après avoir regardé.*) C'est lui, soutiens-moi: Jacopo, ma dernière heure est venue!... Sainte Vierge, touchez en ma faveur l'âme inflexible de ce guerrier.

(*Nouvelle sonnerie. Des cavaliers français arrivent escortant le général Manhès.*)

SCÈNE V.

LES PRÉCÉDENTS, LE GÉNÉRAL MANHÈS, CAVALIERS.

LE PODESTA.

Mes enfants, imitez-moi. Vive le général Manhès!

TOUS.

Vive le général Manhès!

LE PODESTA.

Oui, vive le brave général!.. le vainqueur des brigands! le pacificateur de la Calabre!

MANHÈS.

Je vous remercie, digne Podesta, mais vous me flattez, je n'ai pas encore pacifié la Calabre... Cependant, j'espère y arriver grâce à mes soldats et avec l'aide des fonctionnaires et des habitants.

LE PODESTA.

Que désire l'illustre général?.. qu'on lui serve de guide dans ce pays ? c'est un honneur que je réclame pour moi-même... ces sentiers conduisent au col Tenèse, mais ils sont impraticables pour des cavaliers ; cette route y conduit par de longs détours ; l'illustre général se dirige-t-il vers la ville ?... alors...

MANHÈS.

Podesta, je désire d'abord me reposer un instant avec mes hommes, prendre certains renseignements, causer avec vous.

LE PODESTA.

Ah ! ah ! ah ! (*à part.*) Perdu ! perdu !

MANHÈS.

Mais si je ne me trompe, j'arrive au milieu d'une noce ?

LE PODESTA.

Oui, général, on se marie ici... çà nous arrive quelquefois ?

MANHÈS.

Mais on fait bien, surtout lorsque la mariée est jeune et jolie.

GINA.

Vous êtes bien bon, M. le général.

MANHÈS, *à Gina.*

Mais vous avez un air triste qui ne convient guère à la circonstance.

LE PODESTA.

Ah ! mon Dieu, bon général, Gina est heureuse de se marier.. Elle aime Carlo, Carlo aime Gina ! Mais, vous savez, c'est une grande affaire que le mariage... çà donne à penser, à réfléchir... et...

MANHÈS.

Et puis le pays n'est pas tranquille... on a quelquefois des émotions... on entend parler de brigands.

LE PODESTA.

Oui... on en entend parler !

GINA.

Je crois bien... si on ne faisait qu'en entendre parler !...

LE PODESTA, *bas.*

Tais-toi, malheureuse ! tais-toi où je suis mort !

MANHÈS.

Mais tout cela finira...

LE PODESTA.

Tout finit ici-bas !

MANHÈS.

Tenez, Podesta, je suis bien aise de vous voir... On m'a dit que vous aviez de la capacité, de la résolution.

LE PODESTA.

Il en faut... il en faut !...

MANHÈS.

Vous savez qu'un des moyens que j'emploie assez heureusement contre les brigands, c'est de faire prendre aux fonctionnaires, aux habitants, une attitude ferme !

LE PODESTA.

Une attitude ferme !

MANHÈS.

Ce qui enhardissait les brigands, c'était de ne jamais rencontrer de résistance dans leurs incursions.

LE PODESTA.

Je ne puis pas l'ignorer.

MANHÈS.

De sorte que si, par exemple, les brigands se jettent au nombre de trente dans une bourgade, et s'il y a dans cette bourgade un nombre pareil d'hommes déterminés conduits par un Podesta énergique...

LE PODESTA.

Un Podesta énergique !

MANHÈS.

Il y a lutte, combat, et victoire souvent du bon côté... et la pacification marche dans le progrès !

LE PODESTA.

Le progrès, chose admirable !

MANHÈS.

Or, selon mon raisonnement que je crois juste...

LE PODESTA.

Il est souverainement juste.

MANHÈS.

Attendez, vous ne le connaissez pas encore... Selon mon raisonnement, le Podesta et les habitants qui manquent aux instructions que j'ai données, au devoir que j'ai tracé, encourent une sorte de complicité avec les brigands... Par une conséquence logique, j'arrive, toujours pour l'exemple et pour la pacification, à les traiter comme les brigands eux-mêmes.

LE PODESTA.

C'est... c'est...

MANHÈS.

C'est logique, n'est-ce pas ?

LE PODESTA.

Logique.

MANHÈS.

Mais comme il n'entre pas dans mes vues de faire fusiller tous les hommes valides d'une bourgade, je me contente du Podesta délinquant et cet exemple ne peut manquer de produire une salutaire impression sur ses collègues.

LE PODESTA.

Certainement, bon général ; un Podesta fusillé, c'est quelque chose... Oui, on peut pas nier. (*A part.*) Je suis anéanti !

MANHÈS.

Combien avez-vous par ici d'hommes capables de seconder votre courage, de se battre, enfin ?

LE PODESTA.

Mais général une cinquantaine, oui une cinquantaine... Quant aux femmes et aux jeunes filles...

MANHÈS.

Je ne vous parle que des hommes... Et combien de brigands y avait-il ici tout-à-l'heure ?

LE PODESTA.

Combien de brigands ?

MANHÈS.

Vous ne répondez pas à ma question ?

LE PODESTA.

Mes enfants, n'ai-je pas été un père pour vous ?... un bon Podesta ?... Tombez aux genoux du général et ne me laissez pas fusiller !

TOUS.

Fusiller !

GINA.

Ah ! général, ce pauvre Podesta ! Mais qu'a-t-il fait, mon Dieu ?

MANHÈS.

Il aurait dû vous défendre, armer ces hommes qui doivent, eux aussi, rougir de n'avoir pas repoussé les brigands.

LE PODESTA.

Mais, général, pardon... excusez-moi... on est surpris... et d'ailleurs, je me disais, le brave général n'est pas loin, sans doute il arrivera à l'improviste, il écrasera ces misérables pendant que nous feignons de leur céder, de leur obéir, de les craindre ! Avec son sabre invincible, le général fera plus que nous tous à la fois. Et qui sait si, en résistant, je n'entrave pas un plan d'opérations, une combinaison stratégique et décisive ?..

MANHÈS.

Ce Podesta est encore plus bête qu'il n'en a l'air !... (*Haut, au*

Podesta.) Vous êtes heureux ! S'il n'entrait pas dans mes vues de laisser les brigands se réunir au col Tenèse, je vous jure que vous auriez servi d'exemple ! Trompé par de faux avis, je suis arrivé trop tard pour vous montrer comment on parlemente avec des brigands... Je ne puis les suivre à travers les défilés de ces montagnes, mais je les rejoindrai au col Ténèse.. Quant à vous, Podesta, êtes-vous bien averti ?

LE PODESTÁ.

Suffisamment averti, bon général... Général, je ferai mon devoir... vos paroles m'ont électrisé... J'armerai tout le monde, nous combattrons s'il le faut ! nous...

MANHÈS.

Ma foi, vous ferez bien ; car je vous réponds que je tiendrai ma promesse.

JACOPO, *bas au Podesta.*

Comme vous voilà devenu intrépide !

LE PODESTA, *de même.*

Chut !. Je donne ce soir ma démission. J'étais mort ! je ressuscite ! (*Haut.*) Général, accordez-nous l'honneur de vous accompagner jusqu'à la sortie du village.

MANHÈS.

Jusqu'au col Tenèse, si vous voulez.

LE PODESTA.

Mille grâces ! je suis retenu par mes fonctions. (*Le général monte à cheval, et sort avec tout le monde.*)

TOUS.

Vive le général !....

CHANGEMENT.

Quatrième Tableau.

LE DÉFILÉ DU COL TENÈSE.

Site de rochers.

(*Au lever du rideau, des bandits jouent entr'eux, d'autres boivent, ceux-ci sont en sentinelle sur les rochers guêtant s'ils n'aperçoivent pas au loin, sur la route, des voyageurs, ceux-là dorment. Quelques femmes, au centre du théâtre, des ballots, des objets de toutes sortes provenant des vols qui ont été faits.*)

SCÈNE Ire.

PIETRO, GIOVANI, BATISTA, BANDITS, FEMMES, ENFANTS.

PIETRO.

Ah ça, mais, dites donc, camarades ; Pafaranti, qui nous a quittés, après l'expédition de Morano, devait nous rejoindre ici le lendemain, et trois jours déjà se sont écoulés sans que nous ayons eu de lui les moindres nouvelles.

GIOVANI.

Batista prétend qu'il y a eu une rencontre à quelques milles d'ici, entre lui et des soldats du général qui est entré en Calabre pour nous donner la chasse. Oh! oh! s'il s'agissait d'une bataille en règle, je comprendrais la prétention du général, mais venir se frotter à nous à travers nos rochers, il pourra lui en cuire, et, ça me va.

PIETRO.

Ça nous va à tous, per Dio! mais s'il en est ainsi, ne trouvez-vous pas que nous devrions aller à la recherche de notre chef? Car, enfin, s'il lui est arrivé quelque chose, il est bon que nous sachions à quoi nous en tenir.

GIOVANI.

Tout intrépide qu'il soit, Pafaranti est la prudence même ; il ne se sera pas inutilement exposé. Toutefois, je crois qu'il a eu tort d'accueillir si facilement auprès de lui, cet ancien chef des Lazaroni.

PIETRO.

Mozanino ! Pourquoi donc, Giovani ?

GIOVANI.

Cet homme ne me revient pas, et je n'augure rien bon de lui. A peine arrivé parmi nous et sans même exiger de lui le serment habituel, Pafaranti en a fait un de ses lieutenants; c'est d'abord une injustice, et puis, je le répéte, une imprudence; car, enfin, qui nous prouve que ce nouveau venu n'est pas un traître?

PIETRO.

Non, non; Mozzanino m'est connu de longue date, on peut avoir toute confiance en lui. Je n'ignore pas le motif de la préférence de Pafaranti pour lui.

GIOVANI.

C'est différent... mettons alors que je n'ai rien dit.

SCÈNE II.

LES MÊMES, BATISTA.

BATISTA, *accourant*.

Camarades !... Camarades !...

PIETRO.

Que veux-tu?

BATISTA.

Matheo... blessé... tout couvert de sang!

PIETRO.

Matheo!... où donc?

BATISTA.

Là, au bord du sentier, venez!.. venez!..

(*On se porte du côté que désigne Batista; on apporte Matheo*).

SCÈNE III.

LES MÊMES, MATHEO.

(*Tous les bandits s'empressent autour de lui*).

PIETRO.

Pauvre Matheo! dans quel état!

MATHEO.

C'est moins ma blessure que les efforts que j'ai faits pour arriver jusqu'ici... Donnez-moi à boire... j'étouffe!..

GIOVANI.

Faites-moi place... Tiens, Matheo... bois!

MATHEO, *après avoir bu.*

Merci!

PIETRO.

Où es-tu blessé?

MATHEO.

Là, à l'épaule... un coup baïonnette.

GIOVANI.

Il paraît qu'on s'est vu de près?...

MATHEO.

Oui, et au moment où nous y attendions le moins.

PIETRO.

Et Pafaranti?

MATHEO.

Il s'est battu comme un lion... Nous avions affaire à des Français. . Oh! les enragés! Heureusement que nous étions plus nombreux, sans cela nous serions restés sur la place j'usqu'au dernier. Mozzanino a courageusement secondé notre chef, il nous a ranimés au moment où nous commencions à lâcher pied, et les camarades ont pu gagner les bois. Quant a Pafaranti, je ne sais ce qu'il est devenu; pourvu qu'il ne soit pas tombé au pouvoir des Français!...

GIOVANI.

Il faut nous mettre en route, savoir à quoi nous en tenir.

PIETRO.

Giovani a raison ; oui, camarades, à vos carabines. Venez, si Pafaranti est prisonnier, nous le délivrerons ; si le malheur voulait qu'il eût succombé, jurons de faire payer chèrement sa mort à ceux qui l'auront tué !..

TOUS.

Oui, aux armes ! vengeance ! Partons !

SCÈNE IV.

LES MÊMES, PAFARANTI.

PAFARANTI, *avec enthousiasme.*

Arrêtez ! camarades, arrêtez !

TOUS.

Pafaranti !

PAFARANTI.

Merci, camarades, merci ; je n'attendais pas moins de votre dévouement. (*Apercevant Matheo*). Quoique blessé, tu as pu regagner le gîte... Oh ! tant mieux, mon brave Matheo, ta main... ta main...

PIETRO.

C'est par lui que nous avons appris ce qui s'est passé. Et les camarades ?

PAFARANTI.

Il y en a trois que vous ne reverrez plus : Lucio, Andrea et Nicolo. Les autres, sous la conduite de Mozzanino, ne tarderont pas à nous rejoindre. Camarades, le roi de Naples nous fait un honneur auquel nous étions loin de prétendre : il envoie contre nous un général et des troupes réglées ; il va falloir nous préparer à combattre.

GIOVANI.

Nous le savions et nous sommes résolus à bien recevoir ces nouveaux venus.

PAFARANTI.

Je n'en doutais pas ; mais le courage suffit-il dans cette lutte ? Non ! il nous faut le nombre aussi, et, grâce à l'expédition que je viens d'entreprendre, je vous annonce que nous sommes en mesure de lutter avec succès : Benin-Casa et sa bande vont se réunir à nous. Les émissaires de Ferdinand nous ont fourni des armes, de l'argent et les munitions qui nous seront nécessaires. Le pays nous est familier. En haine de la nation française, l'Angleterre va nous venir en aide ; ainsi donc, courage et bon espoir ! Je vous promets de beaux combats et une large part au butin ! En attendant l'arrivée de nos renforts, faites vos préparatifs, car nous ne tarderons pas à nous mettre en route !

(*Grand mouvement. On rentre les ballots, on prépare des armes, on amène des chevaux que l'on charge. On roule des couleuvrines et des barils de poudre*).

SCÈNE V.

LES MÊMES, FORIOSO, CAPRICANTI.

FORIOSO.

Puisque l'illustrissime Pafaranti est de retour, voyons, exécutez-vous au plus vite... bâclez-moi son portrait ! Drôle d'idée que vous avez eue d'aller lui offrir... Ah ! pourquoi ai-je consenti à vous suivre !

CAPRICANTI.

Comment ! tu te plains ! je ne donnerais pas ce qui nous est arrivé pour mon pesant d'or !

FORIOSO.

Ah bien ! je le donnerais pour moins, moi !... et vous par-dessus le marché.

CAPRICANTI.

Y songes-tu ? peindre le fameux, le célèbre Pafaranti... d'après nature !

FORIOSO.

Ce sera du beau !

CAPRICANTI.

Certainement... il est superbe, cet homme là !

FORIOSO.

L'homme je ne dis pas, mais votre peinture...

CAPRICANTI.

Comment ? Comment ?

FORIOSO.

Voyons, voyons, mettez-vous à la besogne ; j'ai hâte d'être loin d'ici... j'en ai assez, j'en ai trop de la Calabre.

CAPRICANTI.

Oh ! profane !... vulgaire !... Une nature agreste .. grandiose... pittoresque... sublime !

FORIOSO.

O que vous êtes embêtant avec vos phrases ; allez... dessinez donc... dessinez donc !

CAPRICANTI.

Mais, être matériel, positif !...

FORIOSO.

Vous ne voulez pas en finir ?... je vais m'en mêler... (*il s'approche de Pafaranti.*) Signor Pafaranti, mon maître est tout à vos ordres, il brûle d'illustrer ses pinceaux... il se sent inspiré !

CAPRICANTI, *faisant de grandes salutations.*

Forioso dit vrai... Oui... illustre chef... j'attends, j'aspire !

PAFARANTI.

Eh bien ! voyons !... ce ne sera pas long ?

CAPRICANTI.

L'hirondelle qui fend l'air n'a pas la rapidité de mon crayon.

PAFARANTI.

Nous allons voir...

(*Pendant ce temps Capricanti a placé son chevalet, disposé son son papier, taillé son crayon, etc.*)

CAPRICANTI.

J'y suis, placez-vous... je commence !

CABRA, *qui est en observation.*

Alerte ! Alerte ! une chaise de poste !

PAFARANTI.

Une chaise de poste ! sur cette route qui d'ordinaire n'est fréquentée de personne... C'est étrange ! attention !...

(*Des bandits se groupent en embuscade derrière des rochers, les autres disparaissent dans les cavités.*

FORIOSO.

Seigneur Dieu ! que va-t-il se passer ; je ferme les yeux pour ne pas voir !

(*La chaise de poste arrive, les bandits s'élancent au-devant des chevaux, on entoure la voiture, on couche le postillon en joue*).

SCÈNE VI.

LES BANDITS, LE POSTILLON, HUDSON LOWE.

LE POSTILLON.

Ne tirez pas, j'arrête !

UN DES BANDITS.

Eh ! c'est un des nôtres, c'est Francesco !

HUDSON *mettant la tête à la portière.*

En avant donc, postillon ! qui t'arrête ? (*Les bandits ouvrent la portière et sautent sur Hudson, qui arme ses pistolets.*)

GIOVANI.

Doucement!... doucement! la résistance est inutile!

(*Ils entraînent Hudson Lowe au milieu du théâtre. On le désarme et on le fouille. — D'autres bandits ouvrent les malles et les coffres de la voiture.—Dans une malle ils trouvent un uniforme de colonel anglais. — Pendant cette opération on a remis le portefeuille du voyageur à Pafaranti. — Après avoir parcouru des yeux un de ces papiers, Pafaranti crie à ses hommes :*) Arrêtez! (*Puis désignant Hudson, il ajoute :*)

Laissez cet homme! (*on obéit.*) Vous êtes le colonel Hudson Lowe?

HUDSON.

Oui.

PAFARANTI.

Où vous rendez-vous?

HUDSON.

A Caprée.

PAFARANTI.

Vous allez prendre le commandement des troupes qui gardent cette île.

HUDSON.

Oui?

PAFARANTI.

N'êtes vous pas chargé d'une mission pour Pafaranti?

HUDSON.

Oui, vous le connaissez?

PAFARANTI.

C'est moi!

HUDSON.

Vous?

PAFARANTI.

Qu'avez-vous à me faire savoir? parlez!

HUDSON.

Dix mille Anglais vont débarquer sur les côtes de la Calabre, ils viennent pour combattre les Français.

PAFARANTI.

Vous l'entendez, camarades, respect à un des fils d'une nation qui va nous aider à repousser l'ennemi qui a envahi notre territoire. Que tout soit restitué au général Hudson Lowe! (*On replace tout dans les malles et dans les coffres.*) Sir Hudson Lowe, vous êtes libre.

(*Pafaranti et Hudson Lowe se saluent.— Hudson Lowe remonte dans sa voiture. — Des bandits l'escortent. — Dès que la voiture est éloignée, un grand bruit se fait entendre et Mozzanino avec une troupe nombreuse de bandits, entre en scène.*

CAPRICANTI, *montrant le portrait de Pafaranti.*

Est-il ressemblant, hein !

FIOROSO.

Fameuse croûte ! n'allez pas le lui montrer, il nous ferait fusiller !

SCÈNE VII.

PAFARANTI, BANDITS, MOZZANINO.

MOZZANINO.

Aux armes, Pafaranti ! Aux armes ! les Français marchent sur le défilé.

PAFARANTI.

Ils osent s'engager dans ces rochers ! tant mieux ! Qu'ils viennent, nous allons bien les recevoir !

MOZZANINO.

J'amène du renfort !

FORIOSO, *à Capricanti.*

Profitons de la bagarre et filons !

CAPRICANTI.

Fuir ! quand j'ai une bataille à dessiner d'après nature !..

FORIOSO.

Vous y tenez tant que cela, à votre aise !... (*Il se sauve à toutes jambes.*)

Les bandits se placent sur le rocher. — Ils roulent deux pièces de canon qu'ils mettent en batterie. — Les Français arrivent au pas de charge. — L'action s'engage. — Capricanti est monté sur une éminence, il se met en devoir de dessiner la bataille, mais dès les premiers coups de feu est frappé d'une balle qui le fait dégringoler du haut de la position qu'il avait prise. — L'action devient de plus en plus animée.— Episodes divers.

FIN DU PREMIER ACTE.

ACTE II.

Cinquième Tableau.

A Naples. — Intérieur d'une boutique d'une marchande de fleurs et de fruits. — Au lever du rideau, Carolina, jeune napolitaine, est occupée à disposer des corbeilles de fruits.

SCÈNE 1re.

CAROLINA, puis FRÉGOLA.

CAROLINA, *finissant d'arranger une corbeille.*

Bianca me recommande d'apporter le plus grand soin dans l'arrangement des fleurs et des fruits, j'espère que je suis ses recommandations et qu'elle n'aura aujourd'hui que des compliments à m'adresser... cette corbeille d'oranges est belle à faire envie. (*Elle la place à l'étalage, la porte vitrée du fond s'ouvre, Fregola entre précipitamment.*)

SCÈNE II.

FREGOLA, CAROLINA.

FREGOLA.

Carolina! Carolina!

CAROLINA, *poussant un léger cri de frayeur.*

Etes-vous fou, Fregola, d'entrer de la sorte!... vous m'avez fait une frayeur...

FREGOLA.

Je vous ai fait peur... Ce n'était pas mon intention, au contraire... que je suis heureux! Carolina.

CAROLINA.

Que vous est-il arrivé?

FREGOLA

Ce que je pouvais souhaiter le plus au monde. Vous savez combien je vous aime, Carolina?...

CAROLINA.

C'est-à-dire, je sais que vous me l'avez dit...

FREGOLA.

Oh! je ne mens jamais et puisque je vous l'ai dit... Ça est.

CAROLINA.

Eh bien, après?

FREGOLA.

Vous savez que j'avais également ouvert mon cœur à papa et à maman, et qu'ils n'avaient fait qu'une seule difficulté à notre union. Trouve un établissement qui te permettra de faire vivre ta femme et tes enfants, si tu viens à en avoir, m'avaient-ils dit, et j'espère que nous en aurons, ô Carolina, et nous ne nous opposerons pas à ton mariage avec Carolina, parce qu'en effet Carolina est une jeune fille sage, honnête, laborieuse... Vous voyez que papa et maman pensent absolument comme moi; mais le diable était, vu mes médiocres économies, de pouvoir trouver l'établissement demandé... Depuis deux mois, je me désespérais à en perdre le boire et le manger, lorsque le hasard a fait, tout seul et en un instant, ce que nous ne serions peut-être jamais venus à bout de faire, ou de bien longtemps, tout au moins.

CAROLINA.

Quoi donc?

FREGOLA.

Eh bien, je tiens mon établissement.

CAROLINA.

Vrai?

FREGOLA.

Oui!

CAROLINA.

Lequel?...

FREGOLA.

Devinez.

CAROLINA.

Comment veux-tu que je sache!

FREGOLA.

Vous le connaissez.

CAROLINA.

Voyons, ne me fais pas languir plus longtemps, lequel?

FREGOLA.

Celui-ci...

CAROLINA.

Tu es fou!...

FREGOLA.

Oh! que non pas! Malgré mon amour... j'ai ma raison et toute ma raison encore.

CAROLINA.

Comment! tu veux me faire accroire que cette boutique si bien assortie serait à nous?...

FREGOLA.

Oui.

CAROLINA.

Bianca consentirait à te la céder... quand tu n'as pas à ta disposition le sixième de ce qu'il faudrait pour la payer?..

FREGOLA.

Je ne vous ai pas dit, Carolina, qu'elle voulût me la céder.

CAROLINA.

Comment alors deviendrait-elle tienne?

FREGOLA.

Elle deviendra mienne sans bourse délier.

CAROLINA.

Pour rien.

FREGOLA.

Oui, pour rien... c'est-à-dire... moyennant une certaine condition.

CAROLINA.

Laquelle?

FREGOLA.

Ah! voilà.

CAROLINA.

Tu me fais mourir d'impatience; voyons, veux-tu, oui ou non, t'expliquer plus clairement?

FREGOLA.

Mais certainement que je le veux, je ne demande que ça.

CAROLINA.

Alors, parle vite.

FREGOLA.

Voilà... écoutez. (*La porte de la boutique s'ouvre.*) Non! chut! plus tard; voici Bianca qui rentre... pas un mot devant elle...

CAROLINA, *à elle-même.*

Qu'est-ce que ça veut dire?...

SCÈNE III.

LES MÊMES, BIANCA, UN PORTEUR.

BIANCA.

Pose là ces paniers, et aussitôt que les caisses d'oranges seront descendues des bateaux, tu m'apporteras celles que j'ai achetées.

LE PORTEUR.

Je n'y manquerai pas. (*Il s'éloigne.*)

(*Pendant la scène suivante, on voit à différentes fois apparaître contre les vitraux, à l'extérieur, Manfredi qui regarde dans la boutique. Bianca s'approche du comptoir où est Carolina. Celle-ci lui remet plusieurs lettres qui ont été apportées pendant son absence. Bianca les ouvre.*)

BIANCA, *à Carolina, après avoir parcouru des yeux les premières lettres.*

Carolina, il y a ce soir grande réception chez le comte Pezarro: il me commande vingt bouquets des mieux assortis. Occupe-toi de les faire; puis, lorsqu'ils seront fais tu les porteras... sur le quai, près de la place Saint-Janvier.

CAROLINA.

Je sais, j'y suis déjà allée.

BIANCA, *lisant la deuxième lettre.*

Il faudra aussi porter des cédrats et des oranges chez le ministre Salicetti; occupe toi de cela, Fregola, choisis ce qu'il y a de mieux surtout.

FREGOLA.

Soyez tranquille, je sais que son excellence est difficile. (*Il remonte la scène, se rapproche de Carolina, et lui dit tout bas.*) Quand l'établissement sera à nous, voilà, Carolina, comme nous commanderons à notre tour.

BIANCA *a brisé le cachet d'une troisième lettre, à peine l'a-t-elle parcourue des yeux, qu'elle la jette sur une table qui est à côté d'elle.*

Cet homme ne cessera donc pas de m'importuner de ses lettres!.. La froideur et le dédain que je lui ai témoignés auraient dû le convaincre que sa persistance est inutile. (*Manfredi paraît ici aux vitraux de la porte.*)

FREGOLA.

Ah! voilà mon homme qui vient chercher ma réponse (*Il lui fait signe de la main de ne pas se montrer. Manfredi disparaît.*)

CAROLINA.

A qui en as-tu donc, Fregola?

FREGOLA.

Moi, à personne.

CAROLINA.

Si fait, tu gesticules comme un télégraphe.

FREGOLA, *lui faisant signe de ne pas poursuivre ce qu'elle dit.*

Je chasse des mouches, ces coquines-là, il n'y a rien de sacré pour elles... elles mordent sur ce qu'il y a de mieux. (*Bas à Carolina.*) Plus un mot, toi, ou tu vas compromettre nos affaires. (*A lui-même.*) L'autre m'attend, allons le rejoindre. (*Haut *à Bianca qui est rêveuse.*) Je vais porter les cédrats et les oranges.

BIANCA.

C'est bien vu.

CAROLINA, *bas à Fregola.*

Je veux savoir à qui tu faisais des signes.

FREGOLA, *de même.*

Je te le dirai... mais ce n'est pas le moment... Au nom du ciel, tais-toi, ou la boutique est flambée pour nous! (*Il sort.*)

CAROLINA, *à elle-même.*

Je ne sais pas, mais j'ai l'idée qu'il y a quelque manigance sous jeu. Ce Fregola est si bon... je pourrais dire si bête, ça se ressemble tant... Oh! je veillerai de près. (*Elle prend une corbeille.*) Bianca, je n'aurai jamais assez de fleurs.

BIANCA.

Eh bien! va chercher ce qui t'est nécessaire, je veillerai à la boutique.

CAROLINA.

Si je confectionnais les bouquets tout en cueillant les fleurs, ils n'en seraient que plus frais.

BIANCA.

Soit... tu as raison.

CAROLINA.

Je ne serai pas longtemps. (*Elle sort par une des portes de côté.*)

SCÈNE IV.

BIANCA, *seule.*

La persistance que met ce Manfredi à me poursuivre de ses hommages commence à m'inquiéter. Hier, au détour du Corso, n'a-t-il pas été assez audacieux pour m'arrêter, il m'avait saisie par la main, il voulait me contraindre à l'écouter, et ce n'est qu'à grand'peine que je suis parvenue à m'échapper. Cette nouvelle lettre qu'il m'adresse encore aujourd'hui est empreinte d'une exaltation... il ose pour ainsi dire me menacer. Il me voit seule, isolée... et son audace s'accroît de mon isolement... Je ne sais pourquoi, mais une voix secrète me dit que cet homme me sera funeste... Il y a dans son regard, dans toute sa personne quelque chose qui, malgré moi, me glace de terreur. (*Rêveuse.*) Quelle différence entre lui et ce jeune homme que Dieu m'a permis de soustraire aux poignards des Lazaroni qui attentaient à sa vie!... que de respect dans son affection pour moi!.. que de sentiment dans sa gratitude! Oh! oui: celui-là ferait le bonheur d'une femme, j'en suis certaine! (*Pen dant qu'elle parle, Ratisbonne est entrée, elle s'est arrêtée au fond et considère Bianca avec une sorte d'hésitation. Bianca se retourne et aperçoit Ratisbonne.—A elle-même.)* Ciel ! sa mère...

SCÈNE V.

RATISBONNE, BIANCA.

Bianca s'approche de Ratisbonne qui reste toujours immobile à la regarder.

BIANCA.

C'est vous, mère Ratisbonne.

RATISBONNE, *la saluant militairement.*

Oui, vous voyez, c'est moi.

BIANCA.

Il y a bien longtemps que je ne vous ai vue.

RATISBONNE.

C'est vrai ! très-longtemps.

BIANCA.

Eh ! mon Dieu ! comme vous avez l'air triste... chagrin !...

RATISBONNE.

C'est encore vrai... Oui.

BIANCA.

Vous serait-il arrivé quelque chose de fâcheux ?

RATISBONNE.

A moi ?... non... pas précisément.

BIANCA.

A votre fils non plus, je suppose, car il me semble l'avoir vu ce matin passer devant la boutique... me serais-je trompée ?

RATISBONNE.

Non, non, vous ne vous êtes pas trompée, il y a passé en effet... il y passe même très-souvent, trop souvent pour lui peut-être, le pauvre garçon !

BIANCA.

Son service l'y oblige sans doute.

RATISBONNE.

Son service... ou autre chose.

BIANCA.

Ah !

RATISBONNE.

Oui, vous ne devinez pas un peu ce que ce peut être.

BIANCA.

Moi?

RATISBONNE.

Vous baissez les yeux, vous rougissez... bon !... Vous y êtes alors, vous m'avez comprise; tant mieux !... car j'étais fièrement embarrassée tout de même pour vous apprendre qu'il vous aime.

BIANCA.

Qu'il m'aime !

RATISBONNE.

Est-ce que j'aurais mal interprété... Est-ce que ça vous fâcherait?

BIANCA.

Je ne dis pas cela.

RATISBONNE.

A la bonne heure donc !... car s'il a cette chance, ça va d'autant simplifier la mission que je me suis donnée. C'est sans l'avoir averti que je suis venue vous trouver.

BIANCA.

Ah !

RATISBONNE.

Oui, il ne se doute guère que je suis ici, allez... et je ne m'y suis déterminée qu'en prenant comme qui dirait mon cœur à deux mains, parce que, voyez-vous, la mère Ratisbonne a de l'aplomb devant l'ennemi, peut-être, mais dans ces sortes d'affaires, elle ne vaut pas une chiffe... Enfin me voilà, et je m'estimerai fièrement heureuse si, en m'en allant d'ici, j'ai une bonne nouvelle à porter à celui que j'aime à lui donner ma vie, s'il ne fallait que cela pour le rendre heureux.

BIANCA.

Et bien! voyons, mère Ratisbonne, venez vous asseoir là... tout près de moi et causons comme deux bonnes amies... Je vous écoute, parlez... Qu'avez-vous à me dire?

RATISBONNE.

Vous me tendez la main... Vous m'encouragez à parler... Ah ! Cré nom ! merci ! j'en avais besoin, car voyez-vous, si on m'avait dit au moment où je me mettais en route pour venir vous trouver : Ratisbonne, v'la une batterie à affronter, j'aurais répondu : J'aime mieux ça... c'est mon affaire... ça me va... en avant !... Tandis que pour me rendre de la caserne ici, et il n'y a pas loin, j'ai fait halte plus de dix fois, tant le cœur me battait... Et je ne sais trop comment je ne me suis pas décidée à la retraite... Oh ! mais à présent, je suis contente d'être venue et je vous dis : merci, car je vous trouve aussi bonne que belle.

BIANCA.

Et pourquoi aurais-je été autrement ! mère Ratisbonne, vous êtes aimée, considérée de tous ceux qui vous connaissent, je ne fais là que ce que bien d'autres eussent fait à ma place.

RATISBONNE.

Ah ! voyons, voyons ne me dites pas trop de bonnes choses, ne me câlinez pas par trop... parce qu'alors ça me bouleverserait encore plus que si vous m'aviez mal reçue ; je n'y suis plus déjà... La tête me tourne ; je ne sais plus que dire.. j'ai des larmes pleins les yeux... Eh ben ! eh ben ! de quoi donc, Ratisbonne, sois satisfaite, heureuse, mais ne perds ni la tête ni ta résolution. — Tu n'en es encore qu'au feu de tirailleur... tiens-toi ferme pour la bataille, ou sinon tu es enfoncée, ma vieille.

BIANCA.

Ne redoutez pas la bataille, mère Ratisbonne... car j'ai idée que vous la gagnerez tout aussi bien que vous avez enlevé déjà les avant-postes

RATISBONNE.

Vrai de vrai ?..

BIANCA.

Oui, car je suis résolue à me défendre tout juste ce qu'il faut pour être battue... ainsi, allez et commencez l'attaque.

RATISBONNE.

Je vais faire donner toutes les divisions et la réserve à la fois, d'abord.

BIANCA.

Allez !

RATISBONNE.

C'est drôle, malgré ce que vous m'avez dit, v'la que je caponne !...

BIANCA.

Mais allez donc ! Au pas de charge ! En avant !

RATISBONNE.

Eh bien ça y est, Bianca Mozzanino, je vous demande votre main pour mon fils Raymond.

BIANCA.

Joséphine Ratisbonne, je vous l'accorde.

RATISBONNE.

Vrai !

BIANCA.

Parole d'honneur !

RATISBONNE.

Ah ! non d'un baril ! Vive l'Empereur ! (*Elle chante*). La victoire est à moi ! (*A Bianca.*) Tu me rajeunis de vingt ans ! Embrasse moi, ma fille.

BIANCA.

Volontiers ! (*Bianca se jette dans les bras de Ratisbonne qui l'embrasse avec une grande effusion.*)

RATISBONNE.

Et quand je pense que j'ai été contre ce mariage, que j'ai voulu en détourner mon fils !... Oh ! je ne pourrai jamais assez vous aimer pour tout le bien que vous me faites en ce moment.

BIANCA.

Mère Ratisbonne...

RATISBONNE.

Quoi ?...

BIANCA, *passant son bras dans un de ceux de Ratisbonne.*

Il me semble que vous avez commencé à me tutoyer tout-à-l'heure, et voilà qu'à présent...

RATISBONNE, *balbutiant.*

Vous croyez... tu crois que... je vous ai... que tu... que je t'ai tutoyée. Eh ! oui, au fait; tu as raison, puisque te voilà ma fille, je puis bien me donner ce droit-là !

BIANCA.

A la bonne heure donc !

RATISBONNE.

Mon pauvre Raymond va-t-il être content ! Malgré le soin qu'il mettait à me cacher ses souffrances, et bien qu'il ne me parlât plus d'un amour que je n'avais pas approuvé, il y pensait toujours, il souffrait... que je le voyais dépérir tous les jours. Le cœur d'une mère n'est pas facile à tromper... Vous saurez ça à votre tour... C'est ce qui m'a décidée, comme je le disais tout-à-l'heure, à venir vous trouver sans l'avoir consulté, et je remercie le bon Dieu de l'idée qu'il m'a envoyée, puisque j'ai si bien réussi.

BIANCA.

Vous aviez donc peur que votre fils ne fût pas heureux avec moi, que vous le blâmiez !

RATISBONNE.

C'est pas à cause de vous... je vous connaissais à peine... Raymond a du cœur et de l'ambition... et dame !.. il faut l'avouer, il n'est guère avancé encore... mais, comme il me le disait, il est bien vu, estimé de ses chefs... et puis, et puis, ma foi... il ne faut pas trop réfléchir, car on risque alors de tout voir en noir.

BIANCA.

Quand on s'aime, mère Ratisbonne, cela doit suffire au bonheur.

RATISBONNE.

Oui, fille, oui, tu as raison. C'est vrai, c'est cent fois vrai! Et puis d'ailleurs, les colonels, les généraux, le roi lui-même ne me voyent pas d'un trop mauvais œil... Ils ont presque commencé comme Raymond, et pour peu qu'à ma demande, ils lui donnent un petit coup d'épaule par ci, par là, ton mari arrivera comme eux... ils ne pourront me refuser ça, à moi que l'empereur a décorée sur le champ de bataille... à moi qu'ils appellent leur ancienne!

BIANCA.

Je n'ai ni ambition, ni crainte; je suis la voix de mon cœur, et je suis certaine qu'elle ne me trompe pas.

RATISBONNE.

Non, elle ne te trompe pas, fie-toi à elle et à moi. Tu seras heureuse... Raymond est trop bon fils pour ne pas être un bon mari. Je voudrais ne plus te quitter... mais ce pauvre garçon, c'est un crime de retarder son bonheur... Je cours lui porter cette bonne nouvelle. Embrasse-moi encore. Oh! pourvu que la joie ne lui tourne pas la tête. A bientôt, ma fille, à bientôt!

BIANCA.

A bientôt! (*Ratisbonne sort rapidement.*)

SCÈNE VI.

BIANCA *seule*, puis MANFREDI.

BIANCA.

Comme elle est heureuse! oh! ma joie est au moins aussi grande que la sienne... Oui, je m'applaudis de m'être montrée sincère. Désormais j'aurai un appui, un soutien... je serai affranchie des poursuites de ce Manfredi, qui, me voyant l'épouse d'un autre, perdra l'espoir qui le fait sans cesse s'attacher à mes pas. (*Manfredi a d'abord paru aux carreaux de la boutique, il est entré et s'est avancé par degrés sans que Bianca l'ait entendu. Il la considère un instant en silence, puis voyant que Bianca est absorbée dans ses réflexions il la touche à l'épaule en l'appelant.*)

MANFREDI.

Bianca!... (*Au son de cette voix Bianca se lève, tressaille et recule.*)

BIANCA.

Encore lui!

MANFREDI.

Pourquoi cette terreur à mon aspect, Bianca? que vous ai-je fait pour me témoigner une aversion si grande?

BIANCA.

Ne vous en prenez qu'à vous, monsieur; je vous ai déjà dit, et je vous répète que l'obstination que vous mettez à me poursuivre me déplaît et me blesse; j'espérais que cet aveu sincère et mes dispositions vous auraient fait renoncer à cette persécution que vous étendez sur une femme, que sa faiblesse même devrait vous faire respecter plus que tout autre encore, vous qui portez un uniforme de soldat.

MANFREDI.

Et croyez-vous que parce qu'on est soldat le cœur devienne insensible, qu'il nous soit interdit d'aimer.

BIANCA.

Et parce qu'il vous a convenu de m'aimer, à ce que vous dites, suis-je donc tenue, moi, à une réciprocité qui, je vous le dis encore, n'est pas et ne sera jamais dans mon cœur.

MANFREDI.

Oh! je vous en prie, je vous en conjure, ne me rappelez pas, ne répétez pas ces funestes paroles; laissez-moi croire plutôt que, lorsque vous me connaîtrez mieux, un sentiment moins haineux remplacera celui que vous ressentez pour moi maintenant.

BIANCA.

Je n'ai jamais su ni mentir ni feindre, et je vous tromperais si je vous donnais un semblable espoir.

MANFREDI.

Bianca! si vous saviez pourtant de quel amour profond, sincère, immense, mon âme est dévorée, vous auriez pitié de moi. Vous êtes mon unique pensée; le but de toutes mes actions... Partout je vous ai présente... Oui, dans l'air que je respire... dans le son qui frappe mon oreille... près de moi... autour de moi, je vous retrouve sans cesse, je ne vis que pour vous et par vous...

BIANCA.

Monsieur!

MANFREDI.

Oh! laissez cette dévorante passion qui bouillonne dans mon âme, se faire jour une fois au moins : je vous aime comme un insensé, Bianca, à commettre un crime plutôt que de vous perdre.

BIANCA.

Eh quoi! des menaces!

MANFREDI.

Non, non, je souffre et depuis si longtemps que toutes mes pensées se choquent, se heurtent et s'échappent pêle-mêle; qu'est-ce que j'ai dit? je vous ai menacée? Eh bien! non, plus de menaces, mais des prières, des supplications... aimez-moi... ou tout au moins dites que vous m'aimerez, dites surtout que vous n'en aimez pas un autre !

BIANCA.

M. Manfredi, vous voyez l'émotion que j'éprouve ; je souffre; ne prolongez pas plus longtemps ici votre présence... Retirez-vous, je le veux, je vous en prie.

MANFREDI.

Eh bien ! oui, je vais vous obéir; je vais m'éloigner. Seulement pour que j'en aie la force, je ne vous demande qu'un mot, un seul mot d'espoir, et je pars...

BIANCA.

Monsieur, encore une fois...

MANFREDI.

Bianca, je vous en supplie, par grâce, par pitié!..

BIANCA.

Je n'ai rien à vous répondre.

MANFREDI, *avec une rage concentrée.*

Inflexible !... (*se calmant tout-à-coup*). Eh bien ! tenez, dites-moi seulement que vous n'en aimez pas un autre ; dites-moi que ce Raymond, dont je suis jaloux, ne m'est pas préféré... dites-moi cela et ce sera un adoucissement à mes souffrances...

BIANCA.

Je vous ai dit que je ne savais pas mentir... Je ne puis donc tenir un pareil langage.

MANFREDI.

C'est convenir alors que vous l'aimez.

BIANCA.

C'est vous tracer aussi le devoir qui vous reste à suivre.

MANFREDI, *avec égarement.*

Le devoir ! le devoir !...

BIANCA.

Oui, car je vais devenir sa femme.

MANFREDI.

Vous, sa femme ! vous allez épouser Raymond ! Et vous croyez que... je vous laisserai accomplir cette union.

BIANCA.

Et de quel droit prétendriez-vous?...

MANFREDI.

Je vous dis que vous n'épouserez pas cet homme ! je vous dis que vous n'appartiendrez ni à lui, ni à un autre. Non, jamais !

jamais! (*Il saisit Bianca par le bras; elle se dégage, puis le regardant avec résolution, et lui indiquant la porte du doigt.*)...

BIANCA, *avec une grande énergie.*

Sortez! (*la physionomie de Manfredi exprime la plus vive agitation. Il se contient cependant.*)

MANFREDI, *d'une voix tremblante et sourde.*

Oui, madame; mais rappelez-vous mes paroles... au revoir! (*Il sort rapidement.*)

SCÈNE VII.

BIANCA *seule*, puis CAROLINA.

BIANCA.

Que signifient ces menaces? La pâleur de son visage... la violence de son emportement! J'ai eu tort de n'avoir pas eu plus de retenue envers cet homme. Entre lui et Raymond, je me le rappelle, il y a déjà des motifs de haine... il va le provoquer... le blesser... le tuer peut-être... et c'est moi qui serais cause... Oh! non, non! il faut que je voie la mère Ratisbonne. Il faut que je la prévienne... C'est cela... oui... allons. (*Elle prend sa mante!*)

CAROLINA, *rentrant.*

Voilà mes bouquets achevés... Eh! mon dieu! qu'as-tu Bianca? Comme tu es agitée!

BIANCA, *vivement.*

Depuis que tu t'es éloignée, Carolina, il est survenu bien des choses... je me marie.

CAROLINA.

Avec le jeune sous-officier si gentil?

BIANCA.

Oui, sa mère est venue; j'ai donné ma parole.

CAROLINA.

Oh! tant mieux! j'aurais été si désolée si c'eût été avec l'autre.

BIANCA.

Il est venu aussi... et, furieux, désespéré... il m'a fait des menaces... je tremble... j'ai peur... et je cours!

CAROLINA.

Où vas-tu?

BIANCA.

Jusqu'à la caserne.

CAROLINA.

Et les bouquets?

BIANCA.

Fregola les portera.

CAROLINA.

Mais...

BIANCA.

Je reviens. (*Elle sort*).

SCÈNE VIII.

CAROLINA, puis FREGOLA.

FREGOLA.

Encore une course! Heureusement que ça touche à sa fin et qu'à mon tour, je pourrai bientôt...

CAROLINA.

En attendant, commence par m'expliquer ce que tu as voulu me dire au sujet de cette boutique.

FREGOLA.

Mais certainement, rien de plus simple; vous avez dû remarquer comme moi, sans doute, un officier qui passe souvent sur cette place... un brun, moustaches relevées, l'air un peu dur, mais un bon enfant tout de même.

CAROLINA.

M. Manfredi!

FREGOLA.

Juste! Tiens, vous savez son nom?

CAROLINA.

Oui!

FREGOLA.

Et comment se fait-il que vous sachiez...

CAROLINA.

Ça ne te regarde pas.

FREGOLA.

Ah! c'est différent.

CAROLINA.

Continue.

FREGOLA.

Voilà... Eh bien! M. Manfredi est amoureux, oh! mais tout ce qu'il y a de plus amoureux de...

CAROLINA.

De Bianca!...

FREGOLA.

Tiens! vous savez ça aussi!

CAROLINA.

Oui, après?

FREGOLA.

Après?.. (*S'interrompant*). Mais j'y songe, pour savoir ça, il faut que...

CAROLINA.

Veux-tu me faire le plaisir de laisser là tes réflexions et de continuer?..

FREGOLA.

Au fait, c'est vrai, puisque ça ne me regarde pas, à quoi bon!

CAROLINA.

Alors, voyons!

FREGOLA.

Eh bien!.. Cependant, il me semble...

CAROLINA.

Nous allons nous fâcher.

FREGOLA.

Oh! ça me contrarierait.

CAROLINA.

En ce cas, parle vite!

FREGOLA.

Eh bien! M. Manfredi veut épouser...

CAROLINA.

Bianca, et...

FREGOLA.

Et comme il n'a pu jusqu'à présent obtenir une seule réponse aux lettres qu'il ne cesse de lui écrire... il croit qu'il serait plus heureux s'il parvenait à pouvoir lui parler... il m'a dit qui si je voulais, je pourrais lui en fournir les moyens.

CAROLINA.

Toi?..

FREGOLA.

Oui, et il m'a promis en échange de ce service de me donner, son mariage accompli, car il paraît certain de réussir, il m'a promis de me donner cette jolie boutique... parce qu'une fois marié, il n'entend pas que sa femme vende des fruits et des fleurs comme elle le fait à présent. Et cela se conçoit du reste, la femme d'un officier!.. La boutique et son contenu deviendra alors mon partage, et c'est alors, ô Carolina, qu'il n'y aura plus d'obstacles entre nous, et que je pourrai à mon tour, vous conduire à l'autel de saint Janvier, pour y enchaîner à tout jamais ma vie à la vôtre.

CAROLINA.

Ah! oui-dà... Et de quelle manière comptes-tu ménager à M. Manfredi cet entretien avec Bianca?..

FREGOLA.

Je n'ai pas eu besoin de le chercher, ce moyen... M. Manfredi lui-même me l'a donné... Il est charmant cet homme-là!

CAROLINA.

Et comment dois-tu t'y prendre?

FREGOLA.

De la manière la plus simple.

CAROLINA.

Voyons.

FREGOLA.

Une fois l'heure de vous en aller, vous, Carolina, dans votre chambrette de la place Santo-Polycarpo... et moi de retourner auprès de papa et maman... une fois la boutique close... je n'aurai tout bonnement qu'à oublier de fermer la porte à clé... il paraît qu'il se charge du reste.

CAROLINA.

Ah! voilà le moyen?..

FREGOLA.

Eh! mon dieu, oui; c'est bien facile et bien peu de chose, n'est-ce pas?

CAROLINA.

Comment donc! et quel jour est choisi pour cela?

FREGOLA.

Nous n'avons pas encore fixé le jour... Seulement, je vais tâcher que ce soit le plus promptement possible.

CAROLINA.

Avise-t-en.

FREGOLA.

Hein?

CAROLINA.

Comment, niais, oison!... Tu ne vois donc pas plus loin que le bout de ton nez?

FREGOLA.

Le bout de mon nez?..

CAROLINA.

Tu ne vois pas que c'est un piége, une ruse, une infamie!..

FREGOLA.

Du tout, du tout, M. Manfredi m'a très positivement assuré que ses intentions...

CAROLINA, *piétinant.*

Oh ! tiens, si je ne me retenais, je crois que je te battrais... Si tu as le malheur de jamais revoir cet homme, de lui adresser une seule parole, je t'en préviens, je te fais chasser par Bianca, et tu auras de plus à faire à moi !

FREGOLA.

Vous ne voulez donc pas que notre mariage ait lieu ?

CAROLINA.

Tais-toi, imbécile... Tais-toi !

FREGOLA, *à lui-même.*

Et moi qui m'attendais à la voir me sauter au cou, je ne la comprends pas, vraiment... Non, parole d'honneur ! je ne la comprends pas !

(*Carolina prend la corbeille dans laquelle sont des bouquets, et la présentant à Fregola.*

CAROLINA.

Tiens !... va tout d'abord porter ces bouquets à l'hôtel du ministre, puis tu reviendras, j'aurai à te parler.

FREGOLA.

Il suffit.

CAROLINA.

Rappelle-toi bien ce que je t'ai dit.

FREGOLA.

Parfaitement.

CAROLINA.

Allons, en route ! marche !

FREGOLA.

(*Il remonte la scène, arrivé sur le seuil de la porte, il s'arrête et se retourne*).

Cette boutique est bien belle... Oh ! songez-y, Carolina, je vous en conjure, songez-y ! (*Il s'éloigne*).

SCÈNE IX.

CAROLINA *seule*, puis MANFREDI.

CAROLINA.

Conçoit-on ce Fregola ? Est-il permis d'être d'une pareille bonhomie ; en vérité, c'est trop fort ! Si on n'était pas une honnête fille, en voilà un qui, une fois marié, ne serait pas difficile à faire... marcher ! Mais, voyons, il s'agit de prendre un parti. Dois-je prévenir Bianca ? Elle est si effrayée déjà de cet homme ; et puis, si, comme elle me l'a dit, elle va se marier...

je crois qu'il vaut mieux me taire et veiller sur elle. Oui, c'est le parti le plus sage. (*Pendant ce monologue on a vu Manfredi qui du dehors regarde dans la boutique. Tout en parlant, Carolina s'occupe à ranger les fleurs qui restent des bouquets qu'elle a faits. Elle tourne le dos à la porte*).

MANFREDI, *sur le seuil de la porte.*

Je n'aperçois pas Fregola. (*Remarquant la clé qui est à la porte.*) Cette clé !... Quelle idée !... (*Il l'ôte doucement de la serrure en disant*) Oui... c'est cela... à moi !

CAROLINA.

Ciel ! (*Elle se lève et court vers la porte.*) C'est bien lui... il s'est emparé de la clé !... Oh ! mais nous verrons, nous verrons ! (*Regardant de nouveau au dehors.*) Bianca ! et avec elle, M. Raymond ! Oh ! je cesse d'être inquiète, je ne crains plus rien pour Bianca !

SCÈNE X.

BIANCA, RAYMOND, CAROLINA.

RAYMOND.

Chère Bianca, je voudrais vous dire combien je suis heureux. Oh ! soyez en certaine, mon existence tout entière est à vous, et mon soin le plus cher sera de vous rendre en félicité tout le bonheur que vous me donnez aujourd'hui.

BIANCA.

Je n'en doute pas, Raymond.

RAYMOND.

Mais d'où vient que tout-à-l'heure, près de ma mère, vous paraissiez agitée, inquiète ?... Pardonnez-moi de vous adresser cette question, c'est qu'en parlant tout bas avec elle, il m'a semblé vons entendre prononcer le nom d'un homme qui, je le sais, vous a poursuivie de ses assiduités... d'un homme contre lequel je n'ai déjà que de trop justes ressentiments...

BIANCA.

Est-ce donc en ce moment, Raymond, que vous devez douter de moi ? Je vous aime, et quelque soit... quelque pourrait être le dépit de cet homme, dédaignez d'y faire attention... Vous me le promettez... Eh bien ! vous ne répondez pas ?

RAYMOND.

Je vous le promets, Bianca, pourvu toutefois que vous n'oubliiez pas que je suis soldat et que plus que tout autre je dois me montrer susceptible sur ce qui touche à l'honneur. (*La nuit est venue progressivement. Carolina, pendant cette scène, a fermé la boutique. On entend battre la retraite.*) La retraite, Bianca, le devoir me rappelle; quoiqu'à regret, il faut que je m'éloigne; mais votre pensée, comme toujours, ne me quittera pas un seul instant. A demain, Bianca!

BIANCA.

A demain! (*Elle tend la main à Raymond qui la prend et la porte à ses lèvres. Il remonte la scène pour sortir. Carolina s'approche de lui et lui dit à voix basse.*)

CAROLINA.

Attendez au dehors, j'ai à vous parler. (*Mouvement de Raymond, elle lui fait signe de la main.*) Chut! (*Raymond sort.*)

SCÈNE XI.

CAROLINA, BIANCA.

BIANCA.

Tu as déjà fermé la boutique, Carolina?.. Ma foi, tu as ben fait. Les émotions de cette journée m'ont tellement fatiguée que je ne suis pas fâchée de rentrer dans ma chambre de meilleure heure.

CAROLINA.

Tu feras bien... J'ai différentes choses à disposer pour demain; puis, si tu veux, j'irai te rejoindre.

BIANCA.

Remets à demain ce que tu as à faire, viens plutôt causer un peu.

CAROLINA.

Soit, c'est cela. — Tiens, voilà de la lumière.

BIANCA.

Tu ne viens donc pas?

CAROLINA.

Le temps seulement de ranger ces fleurs.

BIANCA.

Ne te fais pas attendre.

CAROLINA.

Sois tranquille! (*Bianca s'éloigne, Carolina court à la porte de la boutique et l'ouvre.*)

SCÈNE XII.

CAROLINA, RAYMOND.

CAROLINA.

Entrez, monsieur Raymond, entrez.

RAYMOND.

Qu'avez-vous à me dire?

CAROLINA.

Qu'il ne faut pas vous éloigner d'ici.

RAYMOND.

Pourquoi?

CAROLINA.

Parce qu'il y a danger pour Bianca.

RAYMOND.

Que dites-vous?

CAROLINA.

On a pris la clé de la boutique pour s'y introduire cette nuit.

RAYMOND.

Qui?

CAROLINA.

Cet officier qui persécute Bianca.

RAYMOND.

Manfredi!

CAROLINA.

Oui!

RAYMOND.

Oh! le misérable!

CAROLINA.

Je n'ai rien voulu dire à Bianca. C'est donc à vous de la protéger.

BIANCA, *de sa chambre.*

Tu ne viens donc pas, Carolina?

CAROLINA.

Si fait, me voilà! me voilà! (*à Raymond*) Soyez prudent...

RAYMOND.

Ne craignez rien, allez.

SCÈNE XIII.

RAYMOND, puis MANFREDI.

RAYMOND.

Oh! malheur à lui, s'il a l'audace de venir! L'épaulette qui nous a séparés la première fois ne m'arrêterait plus aujourd'hui, je le jure! (*Prêtant l'oreille.*) Il me semble... Oui, c'est lui, sans doute. (*Il tire son épée et se range de côté.*)

MANFREDI, *passe d'abord la tête.*

Personne! (*Il entre, jette le manteau dont il est enve-*

loppé, referme la porte, et se dirige du côté par lequel on a vu sortir Bianca, en disant :) Bianca, tu n'épouseras pas Raymond, tu seras à moi!

RAYMOND, *s'élance et lui coupe le passage..*

Je ne crois pas!

MANFREDI.

Raymond! (*Il met l'épée à la main.*) Je vais te tuer!...

RAYMOND.

Non, je crois que c'est moi!... (*Ils engagent la lutte avec une égale fureur.*)

(*La porte du fond s'ouvre, Fregola paraît.*)

SCÈNE XIV.

LES MÊMES, FREGOLA, puis BIANCA, CAROLINA, OFFICIERS, SOLDATS.

(*En voyant deux hommes se battre dans la boutique, Fregola jette des cris d'épouvante.*)

FREGOLA.

Ah! à l'aide! au secours! à l'aide!

MANFREDI.

Je t'ai touché!

RAYMOND, *lui portant un coup terrible.*

Moi aussi! (*Manfredi tourne sur lui-même et tombe. Aux cris de Fregola on accourt du dehors. Bianca et Carolina rentrent en scène.*)

BIANCA, *se jetant dans les bras de Raymond.*

Raymond, qu'avez-vous fait?

RAYMOND.

Justice! (*Aux soldats.*) Camarades, j'ai pour moi le bon droit, mais je sais ce que vous prescrit le devoir. Je suis prêt à vous suivre. (*A Bianca.*) Ne pleurez pas, Bianca, nous nous reverrons. (*Aux soldats.*) Allons, camarades, venez! (*On emporte Manfredi.*)

BIANCA, *se jetant dans les bras de Carolina.*

Ah! je l'avais bien dit que cet homme me serait fatal!

(*Carolina l'entraîne. Tout le monde s'éloigne.*)

(CHANGEMENT A VUE.)

Sixième Tableau.

A Naples. — Une vaste terrasse.

SCÈNE Ire.

PEUPLE, LAZARONI, UN CRIEUR, puis ETIENNE, BURG, SOLDATS, LÉONA, RUFFIANO.

LE CRIEUR.

Achetez, achetez! le détail véridique des fêtes qui ont lieu à Naples à l'occasion de l'entrée dans la capitale de sa majesté la reine Caroline... Achetez! achetez!

UN LAZARONE.

Voyons, aboyeur, donne-moi le papier.

LE CRIEUR.

Je ne le donne pas... Je le vends. (*En sortant.*) Achetez le récit véridique...

ÉTIENNE, *en entrant.*

Viens donc, Burg!

BURG.

Me voilà, présent!

ÉTIENNE.

Tu n'es pas curieux, toi!

BURG.

Si, je suis curieux; je n'ai pas pour le quart-d'heure mes idées à la curiosité.

ÉTIENNE.

Comment, ça ne t'égaie pas de voir toute la ville en réjouissance? La reine revient à Naples, et, à cette occasion, fête générale, danses, comédies, feu d'artifice, ration double et supérieure pour les troupes!

BURG.

Je ne blâme pas la reine de revenir, puisqu'elle était partie; je n'inculpe pas cette ville de folâtrer; je réitère que je m'égare dans ma tristesse personnelle ni plus ni moins qu'une sentinelle perdue!

ÉTIENNE.

Ah! oui, à cause de la mère Ratisbonne.

BURG.

Et son fils... Je suis supérieurement détraqué rapport à ce pauvre Raymond.

ÉTIENNE.

Dame! c'est rude! le conseil de guerre ne rira pas de la

chose, vu que l'adjudant Manfredi a manqué d'y rester et que la discipline a reçu un atout de la part du fourrier, mais c'est égal! Le régiment est porté de cœur pour le fourrier et personne ne plaint le génois! Le génois!... croirait-on que toutes les fois qu'on en parle, ça me donne envie de courir à la cantine ou au cabaret; oui, depuis le jour, où, je me suis grisé à cause de la salle de police, où il m'envoya injustement... Viens, Burg, je régale.

BURG.

Je n'ai pas soif... ousque pourrait se trouver la Ratisbonne? Elle erre sans nul doute relativement à son fils... Errons!

TOUS.

Vive Murat!

SCÈNE II.

LES PRÉCÉDENTS, MURAT, LE GÉNÉRAL LAMARQUE, LE GÉNÉRAL MANHÈS, OFFICIERS.

MURAT. (*Il fait quelques pas... Cris de vive : Murat!*)

Mes amis, souhaitons la bien-venue à la reine! Il y en a parmi vous qui sont pauvres, je veux que leur pauvreté s'éloigne, au moins pour aujourd'hui! (*Il prend de l'argent dans ses poches.*) Prenez! ceci n'est pas une aumône! C'est un père qui vous remercie d'accepter ce qu'il vous donne pour fêter le retour de la mère de ses enfants... Prenez! Donnez-moi votre argent, donnez-moi le vôtre Manhès, et vous aussi, messieurs! (*il prend l'argent qu'on lui donne et le distribue.*) En avez-vous encore?

MANHÈS.

Pas un liard!...

MURAT.

Très-bien!

MANHÈS.

Merci!

LAMARQUE.

Heureusement nous allons à pied.

MURAT.

Pourquoi?

LAMARQUE.

Nous n'aurions pas de quoi prendre une voiture.

MURAT.

Oh! on nous ferait bien crédit! (*Ils sortent au milieu des acclamations.*)

SCÈNE III.

LAZARONI, PEUPLE, FORIOSO, puis CAPRICANTI.

UN LAZARONE.

Tiens, voilà Forioso ! Te voilà donc revenu à Naples ?

FORIOSO.

Oui, depuis ce matin.

LE LAZARONE.

Et d'où viens-tu ?

FORIOSO.

De partout, de la Calabre, de la faim, de la soif, du soleil, des brigands, de toutes les bêtises que mon maître avait dans la cervelle !

LE LAZARONE.

Et où est-il ton maître ?

FORIOSO.

Je n'en sais rien !

LE LAZARONE.

Comment ! Tu n'en sais rien ?

FORIOSO.

Non ; ce matin il est resté à la porte de la ville sous prétexte de peindre une image de lever du soleil ; moi, qui avais passé une partie de la nuit en voiture, je suis allé me coucher... Et me voilà... ah ! ça, il n'y a donc pas de marchand de macaroni par ici ?

LE LAZARONE.

Il va en venir, sois tranquille.

FORIOSO.

Dire que j'en ai été privé si longtemps ?

LE LAZARONE.

Bah !

FORIOSO.

Est-ce que tu crois que je pouvais m'en procurer au milieu de paysans sauvages ou de brigands qui nous ont emmenés et qui nous ont nourris avec des raiforts, des vaches, du fromage dur comme des cailloux, à travers des courses dans les montagnes et des coups de carabine ! Si jamais mon maître me parle de me reconduire dans ces cavernes !... .

CAPRICANTI, *entrant chargé d'instruments de peinture.*

Forioso ! Forioso !

FORIOSO.

Eh bien ! que voulez-vous ? je ne serai donc pas un moment

tranquille?... d'abord, c'est pour être tranquille que je suis revenu à Naples.

CAPRICANTI.

Je ne m'y oppose pas... En rentrant je t'ai aperçu et je venais te dire de ne pas t'inquiéter de moi.

FORIOSO.

M'inquiéter!... je ne m'inquiète pas du tout!

CAPRICANTI.

Comme j'étais resté hors de la ville...

FORIOSO.

Oui, et il m'a fallu avoir l'embarras et la fatigue de déballer un tas de peintures...

CAPRICANTI.

Mais, mon pauvre Forioso, je n'ai pu résister à un entraînement... il m'a fallu peindre le sublime lever du soleil!

FORIOSO.

Voulez-vous que je vous dise? Plus vous allez, plus vous vous enfoncez dans votre folie. Bientôt vous voudrez faire des images de tout ce qui vous tombera sous les yeux, dans les rues, sur l'eau, à table, partout, n'importe quoi?

CAPRICANTI.

Eh bien! tout peut se peindre!

FORIOSO.

Allons donc!

PRATOLINO, *dans la coulisse.*

Obéissez, ou je vous fais arrêter! (*entrant.*)

SCÈNE IV.

LES PRÉCÉDENTS, PRATOLINO.

FORIOSO.

Quel est celui-là?

LE LAZARONE.

C'est le signor Pratolino, premier inspecteur de police pour la ville.

PRATOLINO.

Sbires, gardes, agents, souvenez-vous des ordres que j'ai donnés. — Tout va-t-il bien ici? oui... Les danses ne tarderont pas à commencer!

CAPRICANTI.

Eh mais, je ne me trompe pas! Regarde donc, Forioso!

FORIOSO.

Quoi ?

CAPRICANTI.

C'est le Podesta de Morano.

FORIOSO.

Qu'est-ce que ça me fait ?

CAPRICANTI.

Signor !...

PRATOLINO

Que voulez-vous ? qui êtes-vous ? moins de familiarité ! Tenez-vous à distance ! je suis dans l'excercice de mes fonctions !...

CAPRICANTI.

J'ai eu le plaisir de vous voir.

PRATOLINO.

Qu'y a-t-il d'étonnant ? Je me montre au peuple quelquefois, souvent !

CAPRICANTI.

Non pas ici, à Morano où vous étiez Podesta.

PRATOLINO.

Si j'ai voulu remplir ces humbles fonctions, il ne vous appartient pas de me le rappeler ; la confiance de son excellence, le comte Salicetti, m'a investi d'une autor té élevée... Nous ne sommes plus à Morano, bonhomme ; nous sommes à Naples où m'a fait appeler le rôle que j'ai joué dans la pacification de la Calabre !

CAPRICANTI.

Ah ! oui, les brigands ; j'étais avec Forioso, mon domestique, dans la bourgade de Morano, lorsque Pafaranti et sa bande !...

PRATOLINO.

Pafaranti !... sa bande !... arrêtez cet homme !

CAPRICANTI.

Comment !... m'arrêter !

FORIOSO.

Allons, bon ! encore une bêtise !

PRATOLINO.

Qu'oses-tu dire valet ? Tu me manques de respect !...

FORIOSO.

Du tout, je parle de mon maître puisque je parle d'une bêtise !

CAPRICANTI.

Mais, signor Podesta !

PRATOLINO.

Inspecteur !...

CAPRICANTI.

Signor inspecteur !

PRATOLINO.

Général !

CAPRICANTI.

Signor général, je voulais vous rappeler que je me trouvais de passage, et comme peintre amateur à Morano, le jour où Pafaranti...

PRATOLINO.

Encore !... ces hommes, m'entravent dans l'exercice de mes fonctions, emmenez, emmenez-les...

CAPRICANTI.

Laissez-moi vous expliquer.

PRATOLINO.

Je n'ai rien à entendre, nous nous expliquerons plus tard.

CAPRICANTI.

Mais, signor...

PRATOLINO.

Sbires, obéissez !

FORIOSO.

Me faire mettre au violon un jour comme celui-ci, que le diable vous emporte !... (*On emmène Capricanti et Forioso.*)

PRATOLINO.

Leurs majestés ne tarderont pas à arriver !... En attendant, mettons le temps à profit ! chauffons le peuple, excitons l'enthousiasme ! Mes amis, le roi Murat et son auguste compagne vont, vous le savez, entrer dans leur bonne ville de Naples ! que tout respire autour d'eux l'allégresse... le bonheur. Soyez gais, où je vous fais tous arrêter.

BALLET.

(*On entend le canon.*)

PRATOLINO.

Imitez-moi, mes amis, criez avec moi ! Vive la reine Caroline !... Vive le roi Murat. (*Acclamations.*)

A la fin du ballet le canon se fait entendre. — Les troupes traversent le théâtre. — Etat-major, dignitaires. Le roi, la reine. Pratolino va de l'un à l'autre excitant tout le monde à crier. — Acclamations générales.

CHANGEMENT A VUE.

Septième Tableau.

A Naples. — Au palais du roi. — Un petit salon.

SCÈNE Ire.

LE GÉNÉRAL LAMARQUE, LE GÉNÉRAL MANHÈS, OFFICIERS, puis MURAT.

MANHÈS, *entrant*.

Savez-vous, messieurs, pourquoi sa majesté, nous a mandés au palais ?

LAMARQUE.

Non... Tout va bien, du reste; les troupes rivalisent de zèle, de tenue, de dévouement ; les soldats napolitains se modèlent, à l'envi, sur ces régiments que nous avons amenés de France.. Quant au peuple, le roi l'éblouit par sa gloire, se l'attache profondément par sa grâce et sa douceur, et le gouverne avec une sagesse et une bonté qui le font adorer de l'Italie ; sa cour brillante du luxe des armes, des fêtes, des plaisirs, est dans une ivresse continuelle de guerre, d'ambition et de bonheur !

MURAT, *qui est entré*.

Merci, général !

TOUS.

Le roi !

MURAT.

Merci, car vous n'êtes pas un flatteur, et, je ne suis pas un de ces rois, nés sur un trône héréditaire, qui pensent que les peuples sont trop heureux de les avoir pour souverains... Ce n'est pas tout que de conquérir une couronne par ses travaux, par son épée ; il faut tâcher de s'en montrer digne ; quand on sort du peuple, comme j'en suis sorti, il faut gagner ses éperons royaux par son dévouement à la grandeur, à la prospérité de la nation !...

LAMARQUE.

Sire, le premier qui fut roi, fut un soldat heureux...

MURAT.

Eh bien, puisque je suis et veux être soldat, quoique roi, sachez donc pourquoi je vous ai appelés... Nous voici à Naples, et, sous mes yeux, ce pays longtemps ébranlé par les factions, par les intrigues, par les secousses révolutionnaires, se rassure et s'engage rapidement dans une voie de bonheur et de gloire !.. Nous en ferons un frère de la France, et son drapeau se dressera avec orgueil à côté du drapeau tricolore, que Championnet, le premier, fit flotter sur ces rivages !... Une sorte d'impulsion générale et animée pousse les Napolitains à se dégager des vieilles discordes, des antipathies fomentées par nos ennemis, et à marcher, à notre voix, vers un but de regénération militaire et civile... Mais, là, tout près, voici la mer, la mer sillonnée par les vaisseaux de l'Angleterre, la mer où je ne serai maître que lorsque l'île de Caprée m'appartiendra ; nid de vautours, aire suspendu dans les nuages, rochers inaccessibles au pied desquels se réfugient les navires qui viennent nous braver, et qui échappent ainsi à la vengeance de nos matelots, au courage de nos soldats, aux boulets de notre artillerie !... Caprée !... ne pourrons-nous jamais aborder tes rives abruptes, nous jeter à travers les flancs de tes précipices, monter jusqu'à tes dernières hauteurs et y saisir cet Hudson-Lowe qui promène un regard insolent sur mon peuple, sur mon armée, sur mes généraux, sur moi !...

LAMARQUE.

Sire, donnez-moi douze cents hommes, et je vous rends rends maître de Caprée.

MURAT.

Lamarque, vous savez que cette île m'occupe sans cesse, qu'elle remplit mes veilles, qu'elle agite mon sommeil ! ne m'en parlez pas légèrement... Vous êtes brave entre les plus braves, vous êtes instruit, vous joignez la prudence du tacticien à la fougue du soldat méridional ; vous avez dans votre carrière des exploits dont l'armée française s'est énorgueillie. Je crois en vous, mais ne me flattez pas d'une espérance que je ne dois pas admettre, car si je l'admettais, voyez-vous ; si cette masse de rochers s'applanissait devant mon imagination, eh bien ! j'irais heurter contre elle toute mon armée, dussé-je vingt fois y périr !... Si encore le succès était possible !

LAMARQUE.

Sire, partout où le pied d'un soldat se pose, s'il y a chance de périr, il y a chance de vaincre... Nous avons compris l'importance de la prise de Caprée... Pour ma part, je ne cesse d'en être préoccupé. J'ai étudié cette île, de loin, mais sur des documents certains, sur des données géographiques de la plus grande exactitude. L'homme qui y commande se croit éternellement à l'abri ; qu'on l'attaque, et il perdra sa confiance ; or, de la confiance perdue, à la défaite, il n'y a pas loin !

MURAT.

C'est vrai !

LAMARQUE.

Cette nuit, si vous m'y autorisez, je fais sonder par des mains hardis la mer qui baigne les rochers... Je m'assure si une échelle, une seule, peut être appliquée dans l'ombre; et si le rapport est favorable, je vous jure que mes soldats et moi nous nous disputerons à qui mettra le premier le pied sur cette échelle, et de cette échelle, sur ce repaire qu'il nous faut conquérir!

MURAT.

Bien! l'entreprise est téméraire; mais depuis vingt ans que je fais la guerre, je me suis toujours bien trouvé de la témérité.

LAMARQUE.

Ainsi donc, vous m'ordonnez d'agir dès à présent?

MURAT.

Oui!

LAMARQUE.

A bientôt, sire, car les moments sont précieux!

MURAT.

A bientôt!... Lamarque, nous avons devant nous un beau fait d'armes. Caprée est tellement réputée imprenable que si on y voit nos soldats français, on ne voudra pas croire qu'ils y sont entrés.

LAMARQUE.

Ce qu'il y a de certain, sire, c'est que lorsque nous y serons il ne sera plus facile de nous en déloger! (*Tous sortent excepté Murat.*)

SCÈNE II.

MURAT, puis DEUX ENFANTS.

MURAT.

Lamarque! C'est l'homme qu'il me faut pour cette expédition!... pour la préparer, pour la conduire sous mes yeux!... Oh! si nous entrons dans Caprée, comme je serai maître alors, non-seulement de mon royaume, mais de cette mer tout entière, mais du détroit, mais de la Sicile où les Anglais ne m'empêcheront plus d'aller surprendre et punir les conspirateurs acharnés contre ma couronne!... Et puis, on verra bien que nous ne nous endormons pas dans les délices de Naples; cette victoire sera pour nos anciens compagnons d'armes, un écho retentissant des victoires qu'ils remportent en notre absence! (*Il va pour sortir, et s'arrête après avoir ouvert la porte d'un cabinet.*) Eh bien, voilà mes deux fils qui s'en donnent à fouiller dans mes armes! Voulez-vous bien laisser tout cela, petits malheureux! et venir ici que je vous gronde bien fort!... (*Les deux enfants entrent, tenant chacun un sabre.*) Et qui vous a permis d'aller toucher à mes armes?

PREMIER ENFANT.

Personne, papa; nous y allons bien souvent, va!

MURAT.

Ah! oui!

DEUXIÈME ENFANT.

Tu disais l'autre jour, à l'ambassadeur de Saxe, que lorsque tu avais notre âge, tu étais toujours à manier des armes et à monter à cheval.

MURAT.

Eh bien?

PREMIER ENFANT.

Et bien! pourquoi donc ne ferions nous pas comme toi?

MURAT.

Parce que de ce que j'étais quelquefois désobéissant, il ne s'ensuit pas que vous soyez autorisés à avoir ce défaut.

DEUXIÈME ENFANT.

Oui, mais peut-être, si tu n'avais pas tant aimé les armes, tu ne serais pas devenu un guerrier célèbre!

MURAT.

J'aurais pu devenir un bon soldat et n'avoir jamais été désobéissant, mauvais raisonneur!... Jamais un défaut n'a donné une qualité...

PREMIER ENFANT.

Quel est ce sabre-là, papa?

MURAT.

C'est celui que je portais à Aboukir et à Eylau.

DEUXIÈME ENFANT.

Et celui-ci?

MURAT.

C'est le sabre d'honneur qui me fut donné pendant les premières campagnes d'Italie!

PREMIER ENFANT.

Comment peux-tu te servir aisément d'une lame aussi large et aussi courte?

MURAT.

Mon enfant, elle me sert plutôt pour le commandement, pour la brandir comme une sorte de drapeau, qu'elle ne me sert à frapper!

DEUXIÈME ENFANT.

Cependant, on dit que tu ne t'en prives guère de frapper l'ennemi, et ferme!

MURAT, *les ramenant près de lui.*

Mes enfants, il y a bien des erreurs répandues, accréditées sur les personnages qui deviennent historiques... L'histoire accepte une tradition quelconque, et, au lieu de l'examiner pour y porter la clarté, elle l'adopte quelquefois aveuglément et la transmet sans examen. On dira de moi, par exemple, on croira que je me plaisais en me jetant dans les rangs ennemis, à me frayer un passage sur des soldats renversés à mes pieds, que je teignais ma victoire d'un sang par moi-même répandu!... Eh bien, mes enfants, on se trompe, et voici la vérité... Ma consolation la plus douce, quand je repasse sur ma vie de soldat, de général et de roi, c'est de n'avoir jamais vu tomber un homme mort de ma main. Il n'est pas impossible, sans doute, que dans tant de charges à fond, où je lançais mon cheval à la tête des escadrons, quelques coups de pistolets tirés au hasard, aient blessé ou tué un ennemi, mais je n'en ai rien su ; si un homme était mort devant moi, et en me jetant ce regard suprême que rien ne peut décrire, ce regard qui résume souvent tant d'affections à jamais perdues, tous les souvenirs tendres et désolés de la famille, eh bien, cette image me serait restée toujours présente, et me poursuivrait jusqu'au tombeau!

DEUXIÈME ENFANT.

Tu es bon, mon père, et on a bien raison de t'aimer dans ta famille, dans ton armée et dans ton peuple!...

MURAT.

Être bon; mon enfant, c'est si doux et si facile!... va, les méchants sont bien à plaindre! Mais retournez à vos études, mes enfants, votre précepteur, M. Baudus, me gronderait si je vous retenais trop longtemps... venez... j'assisterai à votre leçon.

DEUXIÈME ENFANT.

Ah! tiens! encore ta mauvaise habitude!

MURAT.

Quoi donc ?

DEUXIÈME ENFANT.

Tu ne marches jamais au pas!

MURAT.

Mais tu sais bien que je suis excusable, je n'ai jamais servi dans l'infanterie!

PREMIER ENFANT.

A cheval, alors... (*Tous deux enfourchent le sabre qu'ils tenaient en entrant.*)

MURAT.

C'est ça !

PREMIER ENFANT.

Et toi?

MURAT.

Oh ! moi, je n'ai pas de cheval... en avant !... (*Au moment où ils vont sortir un aide-de-camp entre.*) Qu'y a-t-il?

L'AIDE-DE-CAMP.

Sire, c'est une femme qui insiste pour avoir l'honneur de parler à votre majesté.

MURAT.

Elle a une lettre d'audience?

L'AIDE-DE-CAMP.

Non, sire ; mais elle prétend qu'elle n'en a pas besoin.

MURAT.

Cependant, si toutes les femmes du royaume voulaient me parler, cela pourrait me prendre beaucoup de temps... mais n'importe ! Soyons galant !... qu'elle entre !...

SCÈNE III.

LES MÊMES, LA MÈRE RATISBONNE.

(*Elle entre, et s'arrête au seuil de la porte.*)

MURAT.

C'est vous, mère Ratisbonne?

RATISBONNE.

Moi-même ; j'ai pensé que vous ne me feriez pas renvoyer du palais, même n'ayant pas ce qu'ils appellent une lettre d'audience... d'ailleurs, le temps presse !...

MURAT.

Vous avez bien fait de compter sur le souvenir que je vous garde... Mes enfants, saluez cette femme qui a toute la bonté d'âme de son sexe et tout le courage d'un soldat !... (*Les enfants saluent.*) Embrassez-les, mère Ratisbonne, ce sera un honneur partagé.

RATISBONNE, *embrassant les enfants,*

Vivez pour votre père et pour votre mère, mes petits princes ; ceux qui ont des enfants savent ce qu'il y a de terrible à penser qu'on peut les perdre !... (*Les enfants sortent. — Moment de silence.*) Vous ne me dites rien, sire, je comprends... vous vous dites en vous-même ; voilà cette pauvre mère Ratisbonne dans une cruelle passe... Si, par malheur, il arrivait un jour à un de mes enfants ce qui arrive à son pauvre Raymond!... Vous savez que c'est fini, ils l'ont jugé!... condamné!... à mort!...

MURAT.

Oui, j'ai là toutes les pièces du procès; la sentence est terrible, mais l'adjudant Manfredi est tombé d'une blessure qui pouvait être mortelle, sous les coups de votre fils, son subordonné : vous connaissez aussi bien que personne l'indispensable sévérité du code militaire!

RATISBONNE.

Oui, je connais cela... je sais qu'il faut faire respecter les galons et les épaulettes... Je sais que c'est là surtout ce qui a perdu Raymond, car pour ce qui est d'avoir frappé ce brigand d'adjudant, si j'avais été là, j'aurais été peut-être plus prompte que lui à l'attaquer, (*avec colère*) à l'écraser comme un insecte!... Mais il ne s'agit plus de tout cela, il s'agit de sauver mon pauvre Raymond, de lui rendre la liberté, de me le rendre à moi!...

MURAT.

Et comment?...

RATISBONNE.

Est-ce que vous n'êtes pas roi?...

MURAT.

Je suis roi!...

RATISBONNE.

Eh bien! vous pouvez tout!

MURAT.

Non, lorsqu'il s'agit de conserver la discipline, lorsque j'ai sous mon drapeau des soldats Napolitains qui m'accuseraient de faiblesse, d'injustice, de partialité, si j'épargnais un soldat Français reconnu coupable, un de ceux que je ne cesse de leur montrer comme des modèles!... Le sort de votre fils m'a ému; je vous plains; mon cœur saigne des blessures de votre cœur, mais...

RATISBONNE.

Mais quoi?... Est-ce que vous voulez me dire qu'il n'y a plus d'espoir?... Ah ça! vous qui êtes bon, vous ne songez donc pas à ce qui se passe en moi?... Mais, je n'ai plus de repos, je ne dors plus... Mais, si cela devait durer, je deviendrais folle!... Il y a des moments où je suis prête à crier aux vieux officiers, aux vieux soldats, dans les rues de la ville, dans les casernes, partout!... Vous ne savez pas! mon fils, à moi, la mère Ratisbonne, votre camarade des bords du Rhin, d'Allemagne, de Sambre et Meuse, d'Italie, d'Egypte, de toutes les anciennes guerres, quoi!... on va le prendre pour le fusiller!..

Venez avec moi!... allons tous demander sa grâce, et si on la refuse, tirons-le de force de sa prison, pour qu'il m'appartienne à moi comme il m'a toujours appartenu, et pas à des juges, pas à un peloton de camarades, qui d'ailleurs le manqueraient, car je serais là pour leur crier: A moi, à moi la mort! Ah! vous pleurez, sire! ah! je te reconnais bien, Joachim, le plus brave de nous tous, mais aussi le meilleur!... un cœur d'or, un homme qui sait ce que c'est que d'aimer ses enfants!... Tu vas me rendre le mien, n'est-ce pas? Te souviens-tu qu'un jour, près d'Erfurth... Non, je me trompe, je crois, le diable m'emporte, que je deviens folle; non, c'était dans les environs de Plaisance, en Italie, tu es passé près de nous, pendant que le gamin s'étalait au soleil, la tête sur mes genoux... tu t'es arrêté et tu m'as dit : Nous en ferons un officier, un colonel, et tu l'as agacé avec ton panache qui flottait en l'air comme un drapeau!

MURAT.

Oui, je m'en souviens, Ratisbonne; je suis roi, eh bien! j'étais plus heureux alors... Oui, car nous n'avons plus de ces batailles, de ces victoires, de ces entrées triomphales dans les villes!

RATISBONNE.

Voyons, ne me détourne pas de mon fils!... Tu vas me le rendre, c'est dit... écris ça sur un brinborion de papier... comme ça se fait enfin quand on donne sa grâce à un jeune et brave soldat comme Raymond!... Ah! sire, c'est une belle chose que le droit de faire grâce!... Quand il n'y aurait que ça sous la couronne, ça suffirait bien pour contenter celui qui est notre maître à tous, là haut!

MURAT.

Mais, pour la grâce pleine et entière, il ya des formalités, des conditions; je ne suis pas en ceci maître absolu.

RATISBONNE.

Ah! je voudrais bien voir que quelqu'un manquât à la consigne et vous désobéît!

MURAT.

Attendez!... (*Il écrit quelques mots.—Appelant*). Capitaine!... (*L'aide-de-camp entre*). Qu'on porte ceci au général Filangieri! (*L'aide-de-camp sort*).

RATISBONNE.

Qu'est-ce que vous avez donc écrit?

MURAT.

Vous le saurez plus tard... mais d'abord, préparez-vous à voir bientôt votre fils... J'ai donné ordre qu'on l'amenât ici!

RATISBONNE.

Ah ! je suis tranquille !... Si vous le faites venir près de moi, ça ne pourra pas être pour nous séparer après.

MANHÈS, *entrant*.

Sire !...

MURAT.

Eh bien ! qu'y a-t-il, Manhès?

MANHÈS.

Sire, tout-à-l'heure, dans la cour du palais, je me suis approché d'un groupe d'officiers au milieu duquel l'adjudant Manfredi, qui a figuré dans l'affaire du fourrier Raymond, s'agitait avec une inexprimable animation, suppliant tous ceux qui l'entouraient de le conduire auprès de vous !

MURAT.

Et pourquoi ?

MANHÈS.

Pour un devoir à remplir, disait-il. Frappé de ses instances, de son émotion, j'ai consenti à l'amener jusqu'ici, et je crois devoir vous dire que l'état dans lequel se trouve l'adjudant mérite peut-être quelque considération.

RATISBONNE.

Manfredi !...

MURAT.

Silence !... (*A Manhès.*) Vous avez bien fait de l'amener ; qu'il vienne ! (*Manhès sort.*)

RATISBONNE.

Vous le faites venir, je me retire, moi !

MURAT.

Restez !...

RATISBONNE.

Non !... il me suffit de l'entendre nommer pour que tout mon sang s'allume dans mes veines !... (*Manfredi entre et s'arrête au seuil de la porte.*) Ne me forcez pas à me rencontrer face à face avec cet homme, qui a poussé mon fils dans l'abîme où il est tombé !... Tout-à-l'heure, je priais, je pleurais, maintenant la colère me gagne... je... je vous l'ai déjà dit, je me retire !...

MANFREDI.

Restez, madame.

SCÈNE IV.

MURAT, RATISBONNE, MANFREDI.

MURAT.

Que voulez-vous ?

MANFREDI.

Restez, madame, pour entendre ce que j'ai voulu dire à sa majesté ! Sire, on ne peut choisir un meilleur juge que vous, pour porter devant lui une question de cœur, de sentiment et de franchise militaire !

MURAT.

Monsieur, vous parlez à un soldat qui n'a jamais compris qu'on abusât de son grade pour se jouer de la patience et de la dignité d'un inférieur ! Sans vos persécutions, le fourrier Raymond n'aurait jamais passé par un conseil de guerre !... L'épaulette oblige comme la noblesse ; et une de nos premières obligations, c'est de savoir que parmi les plus humbles, dans les rangs les plus infimes, battent des cœurs élevés, qu'il faut ménager si on ne veut pas en faire jaillir quelquefois une colère légitime !

MANFREDI.

Sire, vos paroles sont justes et je n'ai pas attendu jusqu'à ce moment pour me repentir !

RATISBONNE.

Vous repentir ! vous qui avez fait condamner à mort mon pauvre enfant !...

MANFREDI.

Oui, madame, moi dont les yeux se sont ouverts... Une funeste rivalité nous divisait, votre fils et moi... Emporté par une passion irrésistible, aveugle, je me suis laissé entraîner à une lâcheté !... oui, une lâcheté !... lorqu'un soldat en est réduit à se souffleter lui-même d'une insulte pareille, ce soldat mérite peut-être qu'on l'écoute et qu'on ait quelque pitié de lui !... Je suis allé au conseil de guerre, j'ai raconté ce qui s'était passé... mes poursuites obstinées auprès de cette jeune fille, cause innocente de ce qui est arrivé... Je n'ai rien caché de ma faute, j'ai expliqué l'emportement de Raymond, je l'ai justifié, lui, et je me suis accusé, moi !... Le coupable, le voici, ai-je dit en me désignant moi-même aux juges de Raymond !... cette blessure que j'ai reçue, c'est mon châtiment mérité ; ce n'est pas un crime commis sur ma personne, c'est une tache qui m'est faite et que je laverai dans un jour de bataille !

RATISBONNE.

Tu as dit cela ! eh bien ! tu vaux mieux que je ne croyais.

MURAT.

Et les juges, émus de votre langage, n'en ont pas moins, le code à la main, prononcé la sentence ?

MANFREDI.

Oui, sire; c'est alors qu'une inspiration m'est venue ; c'est alors que je me suis dit : le roi peut faire grâce, et que je suis venu vers vous !... sauvez Raymond, sire ; rendez-le à ses camarades qui l'aiment et l'estiment !... s'il périssait, vous feriez de moi un assassin, vous me mettriez au ban de l'armée ; mais j'irais plutôt me jeter entre lui et les soldats commandés pour le fusiller !

(*L'aide de camp introduit Raymond.*)

SCÈNE V.

LES MÊMES, RAYMOND.

RATISBONNE.

Mon fils !

RAYMOND.

Ma mère !...

RATISBONNE.

Qu'on essaie de nous séparer, maintenant ! Mais, non, voici le roi qui est bon et qui m'a promis ta grâce ; voilà Manfredi, ton ennemi jadis, qui vient de parler pour toi !

RAYMOND.

Je n'en suis pas surpris, ma mère... Adjudant, je n'ai pas pu vous donner la main au conseil de guerre... la voici !...

MURAT.

Raymond, je vous rends à votre mère, mais la discipline a reçu par vous une atteinte que je ne dois pas tolérer... Pendant quelque temps au moins, vous quitterez votre régiment pour servir dans un autre... vos camarades apprendront que la grâce qui vous est accordée n'affaiblit pas entièrement la sévérité des lois militaires !

RAYMOND.

Quitter mon régiment, sire !... sans doute, je pourrais partout faire mon devoir et me montrer digne de votre bonté !... mais aujourd'hui, c'est me dire, c'est dire à tous, que je suis chassé des rangs de mes compagnons d'armes !... c'est m'exiler du drapeau !.. c'est ma famille, ce régiment d'où vous me renvoyez, sire ; que voulez-vous que je devienne s'il m'est défendu d'y rentrer ?... Il me semblera que mon nom n'y est plus prononcé qu'avec mépris, que mon souvenir est marqué de déshonneur, et partout où j'irai, j'emporterai avec moi le chagrin et la honte... Je n'oserai même pas me distinguer dans une bataille, car on croira que je ne cherche la mort que pour échapper à mon désespoir !.. Sire, je préfère la sentence du conseil de guerre !...

MANFREDI.

Sire, je vous le disais tout-à-l'heure, le vrai coupable, c'est moi !... à moi donc de m'éloigner.

RATISBONNE, *bas à Murat.*

Ah ! Joachim, qu'auriez vous dit autrefois si on vous avait renvoyé de votre régiment de chasseurs ? vous savez bien, le 12e, où tous les adjudants du monde ne vous auraient pas empêché de faire un coup de tête...

MURAT, *de même.*

Chut !... ce n'est pas la peine de leur faire savoir que nous avons été un peu cerveau brûlé dans le temps ! (*Haut.*) Allons, grâce pleine et entière !...

RAYMOND ET MANFREDI.

Ah ! sire !

MURAT.

Vous me ferez gronder par le ministre de la guerre ! Et voilà ce que m'auront valu vos folies de jeune homme !... Raymond ! Manfredi ! Souvenez-vous que ce qui vient de se passer vous impose dans l'avenir de sévères devoirs !... Êtes-vous contente, Ratisbonne ?

RATISBONNE.

Sire, je vous en aurais crânement voulu, si vous ne m'aviez pas rendu mon fils !...

MURAT.

Alors, nous continuons d'être bons amis !

RATISBONNE.

A mort !...

SCÈNE VI.

LES MÊMES, LE GÉNÉRAL LAMARQUE.

LAMARQUE.

Sire, tout marche mieux que je ne le croyais... J'ai appris du nouveau.

MURAT.

Bien ! nous allons voir tout-à-l'heure !... Tenez, Lamarque, je vous recommande ces deux mauvais sujets pour la prochaine expédition.

LAMARQUE.

C'est entendu, sire !... Vous avez l'air bien heureux !

MURAT.

Je le crois bien... je viens d'user de la plus belle des prérogatives royales, le droit de faire grâce !... Oui, j'ai fait grâce à ce jeune officier qui allait être fusillé !... fusillé !... ce doit être affreux ! des balles de soldats dirigées contre la poitrine d'un soldat, ailleurs que sur un champ de bataille ! Voyons ce que vous avez à me dire de Caprée... Venez !...

(*Ils sortent*).

CHANGEMENT.

Huitième tableau.

Les bords du Golfe.

SCÈNE Ire.

Des soldats entrent, tambours en tête. — On fait halte, on forme les faisceaux, on rompt les rangs.

BURG, ÉTIENNE, SOLDATS, puis RAYMOND.

BURG.

La mère Ratisbonne ne revient pas !

ÉTIENNE.

Oui, et ça commence à me chiffonner outre mesure... Est-ce qu'elle n'aurait pas réussi ?...

BURG.

Oh ! ne dis pas ça, Etienne... ne dis pas ça... le conseil de guerre a condamné Raymond, je m'y attendais... mais le roi... le roi a le droit de faire grâce... et il n'est pas possible qu'il refuse... Cré nom ! j'aimerais mieux vingt balles dans la poitrine que d'avoir cette incertitude là au cœur... ma tête se fêle... je ne sais plus où j'en suis !

RAYMOND, *dans la coulisse.*

Camarades ! camarades !...

ÉTIENNE.

Écoute, c'est sa voix !

RAYMOND.

Camarades !...

BURG.

Oui... en effet !

RAYMOND, *entrant en courant.*

Camarades !...

BURG.

C'est lui... c'est toi, Raymond ! (*Raymond se jette dans les bras de Burg, et prend tour à tour la main à Etienne et à d'autres soldats.*

ÉTIENNE.

Mon brave Raymond, te voilà libre ! nous te revoyons !

RAYMOND.

Cédant aux instances de ma mère, le roi a bien voulu lui accorder ma grâce, mais il m'imposait la condition de m'éloigner... de changer de corps... Grâce au ciel, il a compris que c'eût été pour moi pire que la mort, et il m'a permis de venir prendre mon poste pour combattre à vos côtés dans l'expédition qui va avoir lieu.

BURG.

Et Ratisbonne?

RAYMOND.

Elle est bien heureuse, la pauvre femme!

BURG.

Et où est-elle donc?

RAYMOND.

Elle ne va pas tarder à venir. (*Elle est entrée pendant ces derniers mots*).

SCÈNE II.

LES MÊMES, RATISBONNE, BIANCA, CAROLINA, FREGOLA.

RATISBONNE.

Dis-donc que la v'là, fiston, et avec une nouvelle recrue. (*Elle lui présente Bianca en costume de vivandière*).

RAYMOND.

Eh! quoi, Bianca?

BIANCA.

Désormais, je ne veux plus vous quitter; je veux, moi aussi, payer au roi Murat, une dette de reconnaissance. (*Montrant Ratisbonne*). Je la prends pour chef de file, et soyez tranquille, je vous promets d'emboiter le pas de manière à ce qu'on me dise: C'est bien, vivandière, tu es digne de ta mère et de ton mari!

RAYMOND.

Chère Bianca!

BIANCA, *à Fregola.*

Avance ici, pékin! (*A Raymond.*) C'est comme ça que vous les appelez dans le civil!.. (*Fregola s'avance.*) Tu convoitais ma boutique de fleurs, je te la donne!

FREGOLA.

Est-ce bien possible!

CAROLINA.

Quoi! Bianca!...

BIANCA.

Je sais qu'en la lui donnant, c'est à toi que je la donne. Tu soutiendras la réputation de la petite marchande de fleurs et quand les pauvres viendront, comme de coutume, tendre la main, n'oublie pas d'avoir toujours quelque petite chose à leur donner!

CAROLINA.

Sois tranquille, Bianca, ça fait trop de bien au cœur, et ça porte bonheur !

(*Roulement de tambours. — Carolina embrasse Bianca. — Tous les soldats se mettent sous les armes. — On bat au champ ; Murat entre; à sa suite, des généraux et un nombreux état-major.*)

SCÈNE III.

LES MÊMES, MURAT, LAMARQUE, MANHÈS, GÉNÉRAUX, ÉTAT-MAJOR.

MURAT.

Soldats, lorsque vous êtes partis pour la Calabre, je vous ai dit : à votre retour, je vous donnerai une expédition digne de votre courage. Je viens aujourd'hui tenir la promesse que je vous ai faite. Le pavillon britannique flotte insolemment sur les hauteurs de Caprée ; je veux qu'il soit abattu, et c'est à vous que je confie cette glorieuse entreprise ! Votre enthousiasme me plaît, mais je ne dois pas vous dissimuler les difficultés presque insurmontables qui vous attendent. Deux fois déjà, le roi Joseph, mon prédécesseur, a vainement tenté cette entreprise ; les vents contraires, les tempêtes qui règnent éternellement autour de cette formidable masse de rochers l'ont fait échouer... Cest dans Caprée, soldats, que Tibère se mettait à l'abri des vengeances de Rome, et de l'indignation du monde. Cette île est à plusieurs centaines de pieds au-dessus du niveau de la mer. Elle n'est abordable par aucun côté ; le général anglais Hudson-Lowe, qui y commande, a entassé fortifications sur fortifications ; quarante pièces de canon garnissent ce formidable boulevard, et sa garnison s'élève à deux mille hommes bien pourvus de vivres et de munitions !

LAMARQUE.

Il n'en sera que plus glorieux de vaincre !

TOUS.

Oui ! Oui !

MURAT.

Bien, soldats !.. Au surplus, vous me verrez comme jadis, et, au premier rang, vous donner l'exemple.

LAMARQUE.

Comment, sire, vous comptez nous accompagner dans cette expédition ?

MURAT.

N'est-ce pas mon devoir ?

LAMARQUE.

Non, sire, votre devoir est de ne pas vous exposer témérairement.

MURAT.

Que dites-vous, Lamarque ?

LAMARQUE.

Vous ne vous appartenez plus maintenant ; vous êtes roi, vous vous devez à votre peuple !

MURAT.

C'est précisement pour cela que je dois contribuer à tout ce qui touche à sa gloire !... Eh quoi !... vous avez pu croire que, moi, Murat, je resterais inactif pendant que vous et mes soldats allez entreprendre le fait d'armes le plus audacieux qu'on puisse imaginer ? Allons donc ! Lamarque, vous n'y pensez pas !

LAMARQUE.

Il le faut pourtant, sire !...

MURAT.

Jamais !...

LAMARQUE.

Sire, réfléchissez...

MURAT.

Les embarcations sont prêtes, mettons-nous en marche ! (*Lamarque ne bouge pas.*) Ne m'avez-vous pas entendu, général ?

LAMARQUE.

Parfaitement, sire.

MURAT.

Obéissez alors !

LAMARQUE.

Je ne donnerai pas le signal du départ.

MURAT.

Croyez-vous que j'aie perdu l'habitude de commander ? Soldats ! en avant !

LAMARQUE, *avec force.*

Soldats, ne bougez pas !

MURAT, *avec colère.*

C'en est trop, général; votre épée !

LAMARQUE.

La voilà, sire.

MURAT.

Vous n'êtes plus rien pour moi.

LAMARQUE.

Pardon, sire; dépouillé de mon grade, je ne reste pas moins un soldat fidèle et dévoué à votre majesté.

MURAT.

(*Il se promène un instant avec agitation, tenant à la main l'épée du général Lamarque.*)

(*A lui-même.*) Je m'emporte, et cependant il a raison !... Oh ! souvenir de mes anciennes batailles : Rivoli ! Aboukir ! Marengo ! Austerlitz, sortez de ma mémoire ; ne m'entraînez plus, ne faites plus battre mon cœur, il faut que je vous oublie pour me rappeler que je suis roi !... (*Il penche sa tête sur sa poitrine, et reste quelques instants silencieux, puis se retournant vers Lamarque.*) J'ai tort, général, votre main !...

LAMARQUE.

Sire... je sais ce qu'il doit vous en coûter ; mais il le faut !

MURAT.

Reprenez cette épée que vous allez illustrer encore, reprenez-la !... Et vous aussi, soldats, plus heureux que moi, allez combattre !... mon cœur et mes vœux seront avec vous ! Oui, debout sur le rivage, les regards tournés vers Caprée, je suivrai avec anxiété l'issue de cette périlleuse entreprise. Mais si les frégates anglaises venaient à quitter l'île de Ponza pour vous attaquer à leur tour, rien ne m'arrêterait alors, rien ne pourrait m'empêcher de voler à votre secours !

LES SOLDTAS.

Vive Murat !

MURAT, *à Lamarque,*

Oh ! général !... je n'ai jamais ressenti plus vivement qu'aujourd'hui, combien il en coûte parfois d'être roi !

LAMARQUE.

Soldats, nous aurons une victoire de plus à inscrire sur votre drapeau : Je compte sur vous : En avant !

(*Murat sort au milieu des généraux et de son état-major. — Les tambours battent la charge, les soldats suivent. — A peine ont-ils disparu, que Capricanti chargé de ses cartons, de sa boîte de couleurs, de ses pinceaux, entre en scène.*)

SCÈNE IV.

CAPRICANTI, FORIOSO.

FORIOSO.

Laissez-moi tranquille avec vos expéditions, je ne veux plus en entendre parler !

CAPRICANTI.

Et si je doublais tes gages ?...

FORIOSO.

Ça m'irait... je me laisserais faire...

CAPRICANTI.

Eh bien, je les double...

FORIOSO.

Très bien, j'accepte... mais j'y mets une condition !

CAPRICANTI.

Laquelle ?

FORIOSO.

Si l'endroit où vous voulez me conduire ne me convient pas, il n'y aura rien de fait, cxepté les gages augmentés... Où allons-nous.

CAPRICANTI.

A Caprée que l'on va prendre d'assaut !

FORIOSO.

A Caprée !... plus souvent !... je retourne au macaroni...

(*Il se sauve.*)

CAPRICANTI, *sortant*.

Ce Forioso est le domestique le plus amusant que je connaisse...

CHANGEMENT.

Neuvième Tableau.

L'ESCALADE.

A droite, des rochers élevés à perte de vue. — A gauche, la mer.— Au lever du rideau, des embarcations dans lesquelles sont des soldats français arrivent de toutes parts. — La lune, enveloppée de nuages, jette sur ce tableau une lueur douce et fantastique.

SCÈNE 1re.

Le Général LAMARQUE, RAYMOND, BURG, ÉTIENNE, RATISBONNE, BIANCA, CAPRICANTI, Officiers, Soldats.

LAMARQUE, *s'adressant à Raymond qui est dans une barque.*

Ne perdons pas de temps... appliquez les échelles contre les rochers ! Commençons l'escalade.

RAYMOND.

A moi de monter le premier ! Commandant Livron, suivez-moi !...

(*On exécute les ordres du général. — On pose des échelles con-*

tre les rochers, on les y fixe au moyen de cordes. — Quelques soldats montent d'abord, puis lorqu'ils ont trouvé un point d'appui, ils tendent la main à leurs camarades qui montent après eux; on se hisse mutuellement.)

(*Raymond est monté un des premiers, et a disparu un instant derrière les blocs de rochers; il reparait tout-à-coup.*)

LA SENTINELLE ANGLAISE.

Qui vive !!!

RAYMOND.

Général, les Anglais nous ont aperçus, ils vont s'opposer à l'escalade !...

LAMARQUE.

Soldats, n'oubliez pas qu'il faut vaincre ou périr j'usqu'au dernier !

TOUS.

A l'assaut !

(*Les Anglais paraissent sur la hauteur; les Français qui ont déjà escaladé une partie des rochers engagent le feu. — Les soldats qui sont dans l'eau, attendant leur tour pour monter, font feu aussi. — La charge bat. — Les Anglais sont bousculés à la baïonnette, ils reculent. L'escalade continue.*

LAMARQUE.

Soldats, les premières hauteurs sont conquises. Ce qu'il vous faut prendre maintenant, c'est Caprée... Courage, et en avant !...

TABLEAU.

ACTE III.

Dixième Tableau.

Une Cour de Ferme.

SCÈNE Ire.

NICOLO, THERESA.

Il me semble que le bruit de la fusillade a cessé.

THERESA, *prêtant l'oreille.*

Oui, on n'entend plus rien.

NICOLO.

Depuis deux jours qu'on se bat dans les environs du fort Sainte-Barbe, je puis me vanter d'avoir une fameuse peur tout de même. Pendant qu'il est encore temps, plantons tout là dans la ferme, gagnons Caprée.

THERESA.

Je ne pourrai jamais m'y résoudre. Mes pauvres vaches, mes dindons, mes brebis !

NICOLO.

Les Français nous les prendront et nous tueront peut-être encore par-dessus le marché. On dit que ce sont des enragés !...

THERESA.

Le fait est qu'il faut qu'ils le soient tout de même. Paolo, notre garçon de ferme, me disait ce matin qu'en un rien de temps, ils avaient bousculé les Anglais et grimpé à pic et en courant toutes les grandes roches oùsque nos chèvres ne peuvent monter sans avoir le vertige.

NICOLO.

Tu vois; s'ils sont parvenus à monter comme ça, il leur sera encore plus facile de descendre. Je n'y tiens plus; allons-nous en, allons-nous en !...

THERESA.

Non... reste, et pour te tranquilliser un brin, rappelle-toi ce ce qu'on disait dernièrement à Naples...

NICOLO.

Qu'est-ce qu'on nous disait...? redis-le moi ; car, vois-tu, je n'ai plus la tête à tout cela (*Faisant un bond de frayeur.*) Hein! écoute!

THERESA.

Quoi?

NICOLO.

N'as-tu pas entendu?

THERESA.

Quoi?

NICOLO.

Des coups de fusil!

THERESA.

Non.

NICOLO.

C'est ma tête alors... Eh bien! voyons, qu'est-ce qu'on disait à Naples?

THERESA.

Que les Français sont enragés pour se battre, mais pas méchants du tout ; qu'au contraire, après la victoire, ils sont très humains et ne s'en prennent qu'au bon vin et aux jolies filles.

NICOLO.

Si j'étais sûr dè ça... Mais non, j'aime encore mieux tout décidément être loin d'ici.

THERESA.

Tu n'es qu'un poltron.

NICOLO.

Je suis prudent, voilà tout; on n'est pas toujours maître de ses impressions. Reste, si ça te fait plaisir, quant à moi... (*Il va pour s'éloigner.*)

THERESA, *le retennnt.*

Je ne veux pas que tu t'en ailles !

NICOLO.

Tu veux donc ma mort?

THERESA.

Pas plus que la mienne, ça se passera mieux que tu le supposes.

NICOLO.

Que le ciel t'entende ! Ah ! mais, tu me parlais tout-à-l'heure de Paolo. Qu'est-ce qu'il est devenu? Est-ce qu'il nous a abandonnés au malheureux sort qui nous attend?..

THERESA.

Paolo est allé avec le cheval et la carriole jusqu'au moulin.

NICOLO.

Pourquoi faire?

THERESA.

Nous avons là des sacs de mouture et de provisions... et, de peur que les Français ne s'en emparent, il est allé les chercher.

NICOLO.

Ah! par exemple ! il a plus d'aplomb que moi... Plus souvent que j'y serais allé; je l'aurais voulu d'abord, que je ne l'aurais pas pu.

(*Un officier et des soldats Anglais, sont entrés pendant qu'ils causent.*)

SCÈNE XI.

THERESA, NICOLO, L'OFFICIER, SOLDATS ANGLAIS.

L'OFFICIER.

Hé ! paysans ! (*Effrayés, Theresa et Nicolo jettent un cri, Nicolo tombe à genoux.*)

NICOLO.

Grâce ! messieurs les Français; grâce ! nous sommes de pauvres paysans étrangers à la guerre, nous sommes bons et bienveillants pour tout le monde... Si c'est du vin qu'il vous faut, j'en ai d'excellent... Et puis, voilà Theresa, notre femme, qui... (*Il se relève et en désignant Theresa, il voit les Anglais.*) Tiens !... ce sont des Anglais !

L'OFFICIER.

Oui, poltron, en es-tu fâché ?

NICOLO.

Faché ! Oh ! allons donc ! Les Anglais sont nos amis, nos protecteurs... nous sommes heureux, trop heureux de vous voir.. n'est-ce pas Theresa ?

THERESA.

Certainement, monsieur l'officier.

L'OFFICIER.

Dites-moi, nous sommes bien à la ferme de l'étang, n'est-ce pas ?

THERESA.

Oui, signor officier.

L'OFFICIER.

Le général et son état-major vont se rendre ici, il est probable même qu'ils y passeront la nuit.

NICOLO.

C'est bien heureux pour nous, toute la ferme est à leur disposition.

L'OFFICIER.

En attendant nous allons toujours nous y installer.

NICOLO.

Faites monsieur l'officier, faites... Eh bien, je ne suis pas fâché de ça, au moins nous serons bien gardés.

L'OFFICIER *à un sergent.*

Amenez les prisonniers français. (*Le sergent et des soldats les amènent.*)

SCÈNE XXI.

LES MÊMES, LES PRISONNIERS.

Bianca, Etienne et d'autres soldats entrent; Burg est blessé, il marche difficilement.

THERESA.

Ont-ils l'air abattu !... vois donc, Nicolo, en voilà un qui est blessé... et la vivandière, comme elle est jolie !... pauvre jeune fille !... Ils ont beau être Français, ils me font peine, je vas leur demander s'ils n'ont pas besoin de quelque chose.

NICOLO.

Ne t'en avise pas... tu vas nous compromettre au vis-à-vis des Anglais !

THERESA.

Laisse donc ! si les Anglais étaient à leur place, ils ne seraient pas fâchés qu'on en fît tout autant pour eux. (*Elle va vers Bianca.*) Si vous avez besoin de quelque chose, mam'zelle la militaire, faut pas vous gêner !

BIANCA.

De quoi soigner ce pauvre blessé, voilà tout !

THERESA.

Je vas vous donner ça.

ÉTIENNE, *à lui-même.*

Mille noms d'un nom ! que je bisque ! ah ! si ce n'avait pas été à cause d'elle ! (*Il désigne Bianca.*) C'est pas vivant qu'ils auraient pu m'amener jusqu'ici !

THERESA (*revenant.*)

Voilà ce qu'il vous faut.

BIANCA.

Merci !

THERESA.

Si vous avez encore besoin d'autre chose, ne vous gênez pas.

L'OFFICIER, *à Nicolo.*

Il me faudrait, pour mettre ces gaillards là en lieu sûr, une grange ou une cave ; en avez-vous une à mettre à ma disposition ?

NICOLO.

Voilà un hangar qui n'a pas la moindre issue... et tenez, voyez, une porte... une serrure... (*Il ouvre la porte, fait jouer la serrure.*)

L'OFFICIER.

C'est bien cela !

NICOLO.

Il n'y a que quelques tonneaux... quelques instruments de jardinage à enlever, en un tour de main ce sera fait, viens m'aider, Theresa.

THERESA.

Le fait est qu'avec un peu de paille fraîche, ils seront mieux là qu'en plein air, pour la nuit surtout. (*Nicolo et Theresa se mettent à déménager ce qu'il y a dans le hangar.*)

ÉTIENNE *à Burg pendant que Bianca le pense.*

Eh bien ! vieux, voyons, ça va-t-il un peu moins mal ?

BURG.

Oui, oui, ce n'est rien que ca !

BIANCA.

Une blessure aussi profonde... vous appelez cela rien !

BURG.

Ce n'est pas encore de cette fois que je passerai l'arme à gauche; j'ai dix blessures sur le corps auprès desquelles celle-ci n'est qu'une bagatelle. C'est un peu gênant pour marcher, j'en conviens... et encore, s'il le fallait absolument... si la charge battait... je vous donne mon billet que c'est pas au dernier rang que vous me verriez.

BIANCA.

Oh ! que je regrette, mon Dieu ! que je regrette...

BURG.

Faut pas, jeune fille ! imitez plutôt ce monarque de l'antiquité, qui après avoir été brossé à je ne sais quelle bataille, se consolait en disant : tout est perdu *force* l'honneur !... c'est de même pour nous et c'est quelque chose !

ÉTIENNE.

Bien dit, Burg !

BIANCA.

Vous cherchez à me consoler... à diminuer les regrets que je dois éprouver ! car si vous êtes prisonniers... si Burg est blessé c'est moi... moi qui en suis cause !...

ÉTIENNE.

Allons donc !

BIANCA.

Oui, moi seule ! que voulez-vous ! je m'étais dit : Bianca, on t'a admise d'emblée en qualité de vivandière, c'est un honneur qu'on t'a fait là... Et c'est à toi de prouver que tu en étais digne ! Bien que jusqu'à ce jour tu ne te sois occupée qu'à faire et à vendre des bouquets, montre que tu ne manques ni de résolution ni de courage... Pour ton baptême de vivandière, enlève un drapeau ennemi et fais-toi mettre à l'ordre du jour ! Et une fois en présence des Anglais, je me suis élancée imprudemment, vous avez vu le danger que je ne voyais pas... vous êtes accourus à mon secours, mais enveloppés par le nombre il vous a fallu céder et vous avez été pris !

BURG.

Il n'y a qu'un regret à avoir... c'est que nous ne soyons plus à même de pouvoir taper sur les Anglais !

ÉTIENNE.

Tranquillise-toi, nous ne moisirons pas au pouvoir des habits rouges, faudra que les camarades avalent à cet effet, quelques pièces de vingt-quatre, de trente-six et de quarante-huit, heureusement ils ont bon appétit, ils en viendront à bout,

BIANCA.

Et Raymond, et Ratisbonne, quelle ne doit pas être leur inquiétude!..

NICOLO, *qui a fini de disposer le hangar, à l'officier.*

Voilà qui est fait... c'est prêt.

L'OFFICIER, *désignant le hangar.*

Sergent !

LE SERGENT, *s'approchant des prisonniers.*

Allons debout ! et entrez-là ! (*Il désigne le hangar.*)

BURG.

Faut donc changer de campement ?

LE SERGENT.

Comme vous dites... En avant ! (*Ils entrent dans le hangar, on referme la porte sur eux. Puis on y place une sentinelle.*)

L'OFFICIER.

Dites-moi, fermier?

NICOLO.

Signor officier?...

L'OFFICIER.

Est-ce que vous ne nous ferez pas goûter un peu cet exellent vin dont vous parliez tout-à-l'heure; je vous assure que nous l'apprecierons tout aussi bien que les Français auxquels vous pensiez l'offrir.

NICOLO.

Comment donc, signor officier, de tout mon cœur.

L'OFFICIER.

Nous avons fait depuis ce matin tant de marches et de contremarches, qu'en vérité nous n'en pouvons plus.

NICOLO.

Prenez la peine d'entrer dans la ferme, vous allez être servis et vos soldats aussi.

L'OFFICIER.

Très bien. (*Au moment où ils vont s'éloigner, une carriole attelée d'un cheval paraît au fond, les soldats Anglais s'opposent à la laisser entrer dans la ferme.*)

LE SERGENT.

On ne passe pas ! On n'entre pas ! Arrière !

THERESA, *à l'officier.*

Monsieur l'officier, c'est Paolo, notre garçon de ferme, il apporte des provisions dont nous aurons sans doute besoin.

L'OFFICIER.

C'est different. (*Au sergent.*) Laissez entrer. (*Nicolo et l'officier entrent à la ferme.*)

THERESA, *s'adressant à son garçon.*

T'as été fièrement longtemps à revenir du moulin, Paolo! faut rattrapper le temps perdu. Nous allons avoir à faire. Le général et son état-major vont venir à la ferme, dételle le cheval et, attendu qu'on a disposé du hangar pour y mettre des prisonniers français, laisse les sacs de mouture dans la carriole!.. Allons! dépêchons! dépêchons. (*Elle sort. A peine est-elle éloignée que le garçon qui conduit la charette saute du dedans. C'est Raymond.*)

SCÈNE IV.

RAYMOND, SOLDATS ANGLAIS *au fond.*

RAYMOND.

Me voilà dans la place, mais ce n'est pas tout; il survient des incidents sur lesquels je ne comptais pas. Au milieu de tout ce monde qui va être ici, il ne me sera guère facile d'entreprendre ce que je voulais tenter : la délivrance de cette pauvre Bianca et de mes camarades. Je comptais, ainsi qu'on me l'avait assuré n'avoir affaire qu'à une vingtaine d'hommes tout au plus. N'importe! ne nous laissons pas abattre. Le garçon de cette ferme était, par un heureux hasard, dans le moulin que nous venons d'attaquer et de prendre. Il m'a donné tous les renseignements dont j'avais besoin. Je me suis revêtu de ses habits, et il faut que je passe ici pour lui. Oui, de l'audace, et tout ira bien (*Il regarde autour de lui s'il n'est pas observé, puis se rapprochant de la cariolle, il appelle à voix basse*) Camarades! (*Au dessous des sacs apparaissent des têtes de soldats français.*) Il faut changer nos batteries; que faire? Je n'en sais rien encore, mais je vais aviser. Restez dans la carriole en attendant le moment favorable. Quand il faudra agir, je vous préviendrai. S'il arrivait que j'eusse besoin de votre aide, un coup de pistolet tiré en l'air vous préviendrait. Ainsi l'oreille au guet... attention! (*Il prend le cheval par la bride et conduit la voiture dans la coulisse.*)

SCÈNE V.

NICOLO, THERESA, puis RAYMOND.

NICOLO, *portant un panier de vin de chaque main.*

Puisque Paolo est de retour, je ne vois pas pourquoi il ne viendrait pas nous aider.

THERESA.

Tu as raison... Paolo! Paolo!

NICOLO.

C'est étonnant comme il se presse !

THERESA.

Paolo ! (*Raymond paraît.*)

NICOLO.

C'est heureux ! le voilà ! (*s'adressant à Raymond sans le regarder.*) Distribue ce vin aux militaires qui sont là.

(*Il prend le panier et se mêle aux soldats auxquels il distribue le vin.*)

THERESA.

Eh bien ! Nicolo, tu me parais un peu plus rassuré.

NICOLO.

C'est-à-dire un peu moins inquiet... et encore.

RAYMOND *à lui-même.*

Les voilà occupés à boire... (*il désigne les soldats*), allons au fait avec ceux-ci ! (*il désigne Nicolo et Theresa.*) Leur garçon m'a dit : mon maître est un imbécille, sa femme une assez bonne personne; agissons en conséquence. (*Il frappe sur l'épaule de Nicolo.*) Dites-moi, l'ami !

NICOLO *se retourne, regarde Raymond et recule de surprise.*

Ce n'est pas lui !

THERESA, *le fixant.*

C'est vrai !

RAYMOND, *s'approchant d'eux.*

Non, je ne suis pas Paolo, mais il faut que pour vous et pour tout le monde ici, je le sois.

NICOLO.

Par exemple ! et pourquoi cela ?

RAYMOND.

Ça ne vous regarde pas !

NICOLO.

En v'la une bonne ! c'est que ce sont les habits de Paolo tout de même ! (*à sa femme.*) Je vais appeler... appelle femme, appelle ?

RAYMOND.

Ne vous en avisez pas, ou vous êtes mort.

NICOLO, *terrifié.*

Mort !

RAYMOND.

Je suis Français, un camarade des prisonniers qui sont là, mais sous ce déguisement je serai considéré comme espion, or, comme c'est ta femme ellem-ême qui m'a introduit dans la ferme en déclarant que j'étais Paolo, et comme tu ne l'as pas démenti, on vous croira de complicité avec moi et nous serons alors, quoique vous fassiez... quoique vous disiez, traités comme on traite les espions, c'est-à-dire fusillés !

NICOLO *défaillant.*

Ah ! bon Dieu ! bon Dieu ! (*Roulement de tambour.*) Voilà le général. Ah ! cachez-vous du moins, ne vous montrez pas !... (*Il l'entraine.*) Venez ! venez ! (*Theresa sort à leur suite.—Au bruit des tambours, les officiers sortent de la ferme, les soldats reprennent leur rang. — L'état-major et le général Hudson Lowe entrent.*)

SCÈNE VI.

HUDSON LOWE, OFFICIERS, SOLDATS.

HUDSON LOWE, *à un officier.*

Non, colonel, non, je ne partage pas votre opinion; nos troupes n'ont pu résister au premier élan des soldats français, elles se sont repliées, il est vrai, mais en bon ordre; je ne trouve pas que la situation soit aussi inquiétante que vous voulez bien le dire.

LE COLONEL.

Nous avons perdu toutes nos positions supérieures, général.

HUDSON.

C'est vrai, mais nous ne tarderons pas à les reprendre; je défie maintenant les Français de faire un pas de plus. Le fort Sainte-Barbe les tient en échec, et le colonel Hauzell ne les laissera pas passer, je vous en réponds.

LE COLONEL.

Général, la stupeur qu'ont éprouvée nos soldats en voyant flotter le drapeau tricolore sur les rochers de Caprée réputés imprenables, a produit une sorte de découragement auquel il faut songer à remédier.

HUDSON.

Les garnisons des forts Saint-Michel et Saint-Salvador ont reçu l'ordre de venir nous rejoindre ici. Elles ne tarderont pas à arriver. Il suffit d'un succès pour relever le moral des soldats et ce succès nous allons l'avoir, car je suis résolu à attaquer cette nuit; ce qui me manque ce sont des renseignements positifs sur le nombre et la situation de nos adversaires. Etes-vous parvenu à vous les procurer?...

LE COLONEL.

Malheureusement non, général ?...

HUDSON.

Que font donc nos espions ?

LE COLONEL.

Les Français en ont déjà saisi et fusillé plusieurs, cela encourage peu les autres.

HUDSON.

Je conçois... oui... oui... Eh ! mais j'y songe, dans la rencontre qui a eu lieu ce matin, n'a-t-on pas fait des prisonniers !..

LE COLONEL.

Oui, général.

HUDSON.

Eh bien !...

LE COLONEL.

Il n'y a rien à attendre d'eux.

HUDSON.

C'est que vous ne vous y êtes pas pris aussi énergiquement qu'il le fallait. Que sont devenus ces prisonniers ?

LE COLONEL.

J'ai donné ordre qu'ils fussent amenés dans cette ferme en attendant que vous décidiez de leur sort.

HUDSON.

Combien sont-ils ?

LE COLONEL.

Sept, général.

HUDSON.

Faites en fusiller quatre, nous verrons ce que feront les autres après.

LE COLONEL.

Eh ! quoi, général.

HUDSON.

Obéissez ! (*On désigne au colonel l'endroit où sont les prisonniers, on lui ouvre la porte du hangar, il y entre*).

SCÈNE VII.

LES MÊMES, NICOLO, THERESA, RAYMOND, puis BIANCA.

NICOLO, *bas à Theresa.*

Il a promis de ne pas se montrer... Pourvu qu'il tienne parole.

THERESA, *bas à Nicolo.*

De la tête... de l'aplomb ! du courage !...

NICOLO.

Ce n'est plus du sang que j'ai dans les veines... c'est de la gelée!

BIANCA, *s'élançant du hangar et s'adressant au colonel qui y est entré, et qui veut la retenir.*

Laissez-moi! laissez-moi! je veux voir... je veux parler au général! (*Elle échappe au colonel et s'avance vers Hudson Lowe*).

HUDSON.

Que voulez-vous? Qui êtes-vous?

BIANCA.

Mon uniforme ne vous le dit-il pas? Je suis vivandière, je suis du nombre des prisonniers qui sont là.

HUDSON.

Eh bien?

BIANCA.

Ce que vient de dire cet officier est-il vrai? Quoi! vous voulez...

HUDSON.

Connaître les plans de votre général; le nombre de ses forces. Et si on refuse de m'obéir, vous allez tous être fusillés!

BIANCA.

Mais ce que vous demandez-là, c'est le déshonneur... c'est la honte!... Et de qui l'exigez-vous encore... de soldats qui ont juré fidélité au drapeau, qui ont pour devise : Honneur et Patrie! Comment voulez-vous qu'ils puissent l'oublier? Oh! ne les placez pas dans cette cruelle alternative! S'ils sont vos prisonniers, c'est moi qui en suis cause!

HUDSON.

Vous!...

BIANCA.

Oui, c'est en volant à mon secours qu'ils sont tombés entre les mains de vos soldats. Si vous les tuez, c'est moi qui par vous les aurai frappés! Je ne suis sous le drapeau que d'hier, je ne connais pas les lois de la guerre; mais il me semble qu'un soldat, et vous êtes soldat, n'a pas le droit d'exiger une telle action! Est-ce que vous pourriez-vous y résoudre!... A leur place, le feriez-vous?

HUDSON.

Qu'importe ce que je ferais! il s'agit de ce que je veux.

BIANCA.

Et si ce que vous voulez est odieux, infâme! pourquoi n'y renonceriez vous pas? Demandez à cet officier, il vous dira comme ils ont frémi, en entendant ce que vous vouliez d'eux. A la pâleur de leur visage, on voyait quelle indignation s'agitait au fond de leur âme! Et leurs mains, par un mouvement convulsif, cherchaient une arme qu'ils n'avaient pas! Oh! ne faites pas dire: le général Hudson Lowe ne combat pas ses adversaires; ne pouvant flétrir leur honneur, il les assassine!...

HUDSON.

Assez!... et vous, soldats!...

BIANCA.

Arrêtez! ne vous laissez pas emporter par la colère. Soyez clement, généreux! Des soldats mourir ailleurs que sur le champ de bataille! tués froidement! c'est affreux! Oh! non! pas un tel arrêt, je vous prie, je vous conjure!

HUDSON.

S'ils se sont dévoués pour vous, pourquoi ne pas vous dévouer pour eux!

BIANCA.

Ah! s'il ne faut que ma vie, je suis prête!... Frappez-moi!

HUDSON.

Ma volonté est immuable! Ce que je demande, ce que je veux, c'est qu'on m'obéisse; à ce prix seulement, vous pourrez les sauver.

BIANCA.

Mais ce qui est lâcheté pour eux, l'est aussi pour moi! Oh! mais au fait, que vous importe d'être sans pitié?... Est-ce que vous êtes tenu d'en avoir pour moi! Est-ce que je suis quelque chose pour vous. Je viens vous implorer, vous demander grâce. Vous y mettez un prix... c'est juste... je le conçois; j'aurais dû m'y attendre... Si je pouvais mourir!... (*Hudson Lowe fait quelques pas pour s'éloigner*). Non! ne vous éloignez pas... restez!

HUDSON.

Etes-vous résolue à obéir?

BIANCA, *avec délire*.

Ne le faut-il pas, puisque vous êtes sans pitié et que je ne veux pas qu'ils meurent!... Que voulez-vous savoir, dites, parlez, je suis prête!

RAYMOND, *s'élançant en scène*.

Et moi, je vous le défends!...

BIANCA, *reculant de surprise*.

Raymond!

NICOLO.

Je touche à ma dernière heure!

HUDSON.

Quel est cet homme?...

RAYMOND, *déchirant la blouse dont il est couvert.*

Un soldat résolu à mourir, plutôt que de laisser trahir ses frères d'armes! Cette jeune fille est ma fiancée! (*Désignant le hangar.*) Là, sont des compagnons que j'aime. Eh bien, la mort pour elle, la mort pour eux, la mort pour moi! mais pas de trahison!

HUDSON, *aux soldats.*

Saisissez cet homme! (*Des soldats entourent Raymond*).

NICOLO, *terrifié et bas à sa femme.*

Sauvons-nous... Cachons-nous! (*Ils s'éloignent en courant*).

(*Un aide-de-camp entre et donne une dépêche à Hudson Lowe*).

L'AIDE-DE-CAMP.

Général...

HUDSON.

(*Hudson brise le cachet, lit la dépêche, puis s'adressant à ceux qui l'entourent*).

Le général Lamarque fait un mouvement en avant! (*A l'aide de-camp*). Nos renforts nous sont-ils arrivés?

L'AIDE-DE-CAMP.

Oui, général...

HUDSON.

Eh bien! épargnez aux Français la moitié du chemin. (*Au sergent.*) Vous avez reçu mes ordres. (*Aux officiers.*) Aux Français!

TOUS.

Aux Français! (*Le tambour bat, tous s'éloignent excepté un peloton.*

LE SERGENT.

Amenez les prisonniers.

SCÈNE VIII.

RAYMOND, BIANCA, SOLDATS ANGLAIS.

BIANCA, *se jetant dans les bras de Raymond.*

Raymond! c'est encore moi qui suis cause... Adieu!...

RAYMOND.

Pas encore! Bianca, pas encore! (*Il prend les pistolets qu'il a *dans sa poche, et tire en l'air :*) A moi, camarades, à moi ! (*Les soldats que Raymond a introduits, cachés sous les sacs de blé, entrent. — A trois grenadiers :*) A nous ceux-ci !... (*aux autres*). Vous, dans le hangar ! (*Raymond et trois soldats s'élancent sur les Anglais et les désarment. Les autres en font autant dans l'intérieur du hangar. Les prisonniers et les soldats refoulent les Anglais en scène. Etienne et Burg croisent la baïonnette pour arrêter ceux qui cherchent à fuir.*)

ÉTIENNE.

Halte ! mes gaillards ! ou nous lardons !

(*Ici apparaissent Nicolo et Theresa. Nicolo passe sa tête par le soupirail de la cave Theresa ; passe la sienne par la lucarne du grenier*).

NICOLO.

Qu'est-ce qui se passe donc ? Ah ! (*Il disparaît*).

THERESA.

Les prisonniers ! ciel ! (*Elle disparaît*).

RAYMOND.

Vous alliez nous fusiller; nous devrions vous rendre la pareille, mais nous valons mieux que vous.. (*Désignant le hangar*). Enfermez-les ?...

BURG, *aux Anglais.*

Allons, mes amours, allons, chacun son tour ! Donnez-vous donc la peine d'entrer.

ÉTIENNE.

Excusez si je ne vous reconduis pas ?

RAYMOND.

(*On entend le canon gronder au lointoin*). La bataille est engagée !

BURG.

Et nous n'y sommes pas !

RAYMOND.

Sois tranquille... nous allons avoir affaire aussi ! Favorisés par la nuit et l'action de la bataille, nous allons traverser la ligne ennemie, tenter d'arriver jusqu'à la poudrière du fort Sainte-Barbe, y mettre le feu, et assurer ainsi la prise de Caprée. C'est bien hardi, mais bah ! de l'audace... de l'audace !..

ÉTIENE.

Bien trouvé...

RAYMOND.

Mais vous, Bianca ?...

BIANCA.

Je ne vous quitte pas.

RAYMOND.

Allons, camarades, allons... et Vive la France !...

TOUS.

Vive la France ! (*Ils sortent*).

SCÈNE IX.

NICOLO, THEERSA.

(*Ils reparaissent ; l'un, au soupirail de la cave ; l'autre, à la lucarne du grenier.*)

NICOLO.

Voilà des scélérats !... Qu'en dis-tu, femme ?

THERESA.

Oh ! que je regrette à présent de n'avoir pas suivi ton avis... Je voudrais être loin de la ferme !...

NICOLO.

On n'entend plus le canon... Si nous pouvions... (*Violente décharge de coups de fusils. Tous deux jettent un cri et disparaissent encore. — Les coups de feu se rapprochent. On aperçoit les Anglais battant en retraite, mais en bon ordre. La charge se fait entendre. Les Français chargent à la baïonnette. Les Anglais sont mis en fuite*).

SCÈNE X.

LAMARQUE, RATISBONNE, OFFICIERS, SOLDATS.

LAMARQUE.

Arrêtez, soldats, arrêtez; ne vous laissez pas emporter par votre ardeur ; ne vous engagez pas dans le défilé. Les canons du fort Sainte-Barbe vous foudroyeraient sans profit (*Une violente explosion se fait entendre.*) Quelle est cette explosion ?

RATISBONNE, *un fusil à la main.*

C'est le fort Sainte-Barbe qui saute !... C'était l'idée de Raymond, il l'a mise à exécution.

LAMARQUE.

La brèche est ouverte ! ne perdons pas une minute. A l'assaut, soldats ! (*Ils sortent.*)

TOUS.

A l'assaut ! (*Nicolo et Theresa reparaissent.*)

NICOLO.

Ah ! femme, c'est aujourd'hui notre dernier jour !

THERESA.

J'en ai bien peur !...

CHANGEMENT.

Onzième Tableau.

LA MARINE.

Au lever du rideau, des soldats Anglais entrent traînant des pièces de canon qu'ils mettent en batterie. — Des troupes entrent. — Grand mouvement, grande agitation partout.

SCÈNE Ire.

HUDSON LOWE, LE COLONEL, OFFICIERS.

HUDSON LOWE. *Il est en proie à une colère violente*

Ils l'emportent encore ! ils sont maîtres de Caprée ! mais les frégates qui stationnent à Pouza arrivent à force de voiles ! Oh ! qu'elles viennent donc ! qu'elles viennent m'aider à exterminer ces odieux Français jusqu'au dernier ! (*Le canon se fait entendre au loin.*) Ce canon...! ce doit être celui de nos frégates, voyez donc, colonel !...

LE COLONEL.

En effet, général, mais elles fuyent, poursuivies par un navire napolitain, portant le pavillon royal.

HUDSON.

Malédiction ! Et le colonel Hauzell ! il tarde bien à se replier sur nous...

LE COLONEL.

Il a été fait prisonnier avec ses douze cents hommes.

HUDSON.

Quoi !.. le royal Malthe ?

LE COLONEL.

A mis bas les armes...

HUDSON.

Fatalité !... Il ne nous reste plus que cette position !... Oh ! mais elle est formidable ! Des hauteurs de Caprée on ne peut y parvenir que par un escalier suspendu sur l'abîme, cet escalier a cinq cent quatre-vingts marches d'un coudée de hauteur chacune. Il ne peut y passer qu'un homme de front, nos canons sont là, prêts à balayer les Français s'ils osaient s'y hasarder, mais ils ne l'oseront pas ! (*On entend battre la charge.*)

LE COLONEL.

Ils viennent, au contraire !... et au pas de charge !... faisons d'abord notre devoir, général, et nous verrons après. (*Aux soldats.*) Feu, canonniers ! Feu partout ! Feu toujours !..

(*Les Français paraissent au dehors. — Par degrés, des pans de murs s'écroulent. — Les canonniers Anglais sont obligés d'abandonner leurs pièces, tant le feu des Français est violent. — Le mur s'écroule entièrement sous les boulets, on aperçoit alors la pleine mer et le navire bombardant le fort.*)

Douzième Tableau.

LE NAVIRE.

Des embarcations remplies de soldats Français et Napolitains armés abordent le fort. — Murat et son état-major montent les premiers. — On se bat corps à corps. — Les Anglais mettent bas les armes. — Les Français envahissent le fort de toutes parts.

SCÈNE Ire.

MURAT, LAMARQUE, RAYMOND, HUDSON, RATISBONNE, BURG, ETIENNE, BIANCA.

MURAT, *debout, le sabre à la main, sur les débris des murs écroulés.*

Victoire ! victoire !

BIANCA, *présentant un drapeau à Ratisbonne.*

Je vous avais promis de bien emboiter le pas, vous le voyez, mère, j'ai tenu parole !

RAYMOND, *à Murat.*

Sire ! vous m'aviez fait grâce, j'ai voulu m'en rendre digne !..

MURAT.

Capitaine Raymond, votre main !

RATISBONNE.

C'est le plus beau jour de ma vie !...

BURG.

Comme elle a l'air heureux, la Ratisbonne !

MURAT, *à Hudson Lowe.*

Ce n'est pas à moi, c'est au général qui vous a vaincu qu'il faut remettre votre épée !...

LAMARQUE, *s'inclinant.*

Sire...

MURAT.

Oui, et honneur à vous, Lamarque ; vous venez d'accomplir un fait d'armes qui immortalisera votre nom !...

LAMARQUE, *s'adressant aux troupes.*

Et le vôtre aussi, soldats !... Car si j'ai vaincu, je le dois à votre courage !... Vive Naples !...

MURAT.

Vive la France !...

Tous les matelots sont montés dans les cordages des mâts. Ils agitent des drapeaux. — Acclamations des soldats.

TABLEAU.

FIN.

Clermont (Oise). — Imprimerie de A. DAIX.

www.ingramcontent.com/pod-product-compliance
Ingram Content Group UK Ltd.
Pitfield, Milton Keynes, MK11 3LW, UK
UKHW021545260726
13993UKWH00002B/650

9 782329 310237